すぐに役立つ

新版

はがきの書き方

実用文例集

薬師寺 真

日本文芸社

はじめに

「メールが当たり前の時代にはがきなんて」と考えている人、さらに「悪筆だから、文章をうまくまとめられないから、生来の筆不精だから、はがきはどうも……」と考えている人に本書を捧げます。

はがきはきわめて手軽で簡単な通信手段であり、しかも大きな喜びをもたらしてくれます。郵便受けをのぞいてみるとき、だれしもがある種の期待感を抱くはずで、そこに知人や友人からのはがきが入っていると大きな喜びがわいてきます。そこには〝心〟の交流があります。電話にはない、はがきの大きな効用のひとつといっていいでしょう。

はがきの書き方もけっして難しくはありません。はがき文には目的別の基本形があり、常用される類句というのがあります。それを自分の立場や状況に合わせてわずかにアレンジすれば、はがき文は簡単にできあがるのです。

例文中心の類書は多数出版されていますが、はがきを書く人の立場や状況は百人百様。そのまま利用できる例文はまずないといっていいでしょう。その点、本書には多数の例文に加えて常用類句を満載してありますので、だれでも気軽にペンがとれるはずです。

本書によってはがきを書くことの喜びを知り、心が通いあう豊かな人間関係を築いていただければ幸いです。

著　者

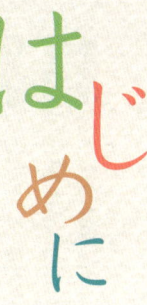

新版 すぐに役立つ はがきの書き方 実用文例集

もくじ

PART 2 目的別 はがき文の実例と常用類句集

お祝いのはがき

案内・招待のはがき

通知・挨拶のはがき――118

問い合わせのはがき

依頼のはがき——148

PART 1
はがきの書き方の基本とマナー

はがき文の基本形式

はがき文は一種の通信文です。通信の目的を達することがなによりも大切なのですから、基本的には形式や作法にとらわれず、自由に書いてもなんらさしつかえありません。

とはいえ、はがきは他人に対して出すもの。相手が不快感を覚えるようなものは感心できません。やはり、ある程度のルールは守る必要があります。そのためには、はがき文の基本形式を理解しておくことが大切です。

はがき文は下表のように、大きくは①前文、②主文、③末文の三つの要素を織り込み、目的にそったた文章をつくれば、ルールにのっとったはがき文が完成するわけです。

もっとも、封書と違ってはがきのスペースは限られていますから、すべてこの形式を踏まなければならないというものではありません。

時候の挨拶、安否の挨拶、お礼やお詫びの挨拶などの前文は「前略」として省略することもあります。

①前文	(a) 頭　語 (b) 時候の挨拶 (c) 先方または当方の安否の挨拶 (d) 感謝やお詫びの挨拶
②主文	(e) 起　語 (f) 本　文
③末文	(g) 結びの挨拶 (h) 結　語

はがき文の基本形式

①＝前文　(a)頭語、(b)時候の挨拶、(c)先方または当方の安否の挨拶、(d)感謝やお詫びの挨拶
②＝主文　(e)起語、(f)本文
③＝末文　(g)結びの挨拶、(h)結語からなる。
「前略」は前文すべての省略を意味する。

①(a)拝啓　(b)春暖の候、(c)皆様にはお変わりなくお過ごしのことと存じます。(c)私どもも元気で消日いたしておりますので、他事ながらご休心ください。(d)日頃は何かとお世話になりながら、ご無沙汰ばかりで申し訳ございません。
②(e)さて、(f)このたびは長男健二の小学校入学に際し、結構なお祝い品を頂戴いたし、まことにありがたく、厚く御礼申し上げます。
③(g)時節柄、ご一家皆々様のご健康をお祈り申し上げます。
(h)敬具

表書きの書き方

縦書き

相手と自分の住所、氏名を正確に。

宛名の敬称は、個人の場合は「様」、会社や官公庁、団体の場合は「御中」が一般的。ほかに「殿」（公用）、「先生」（教師、医師、芸術家、弁護士など）、「大兄」（友人、先輩）なども使う。

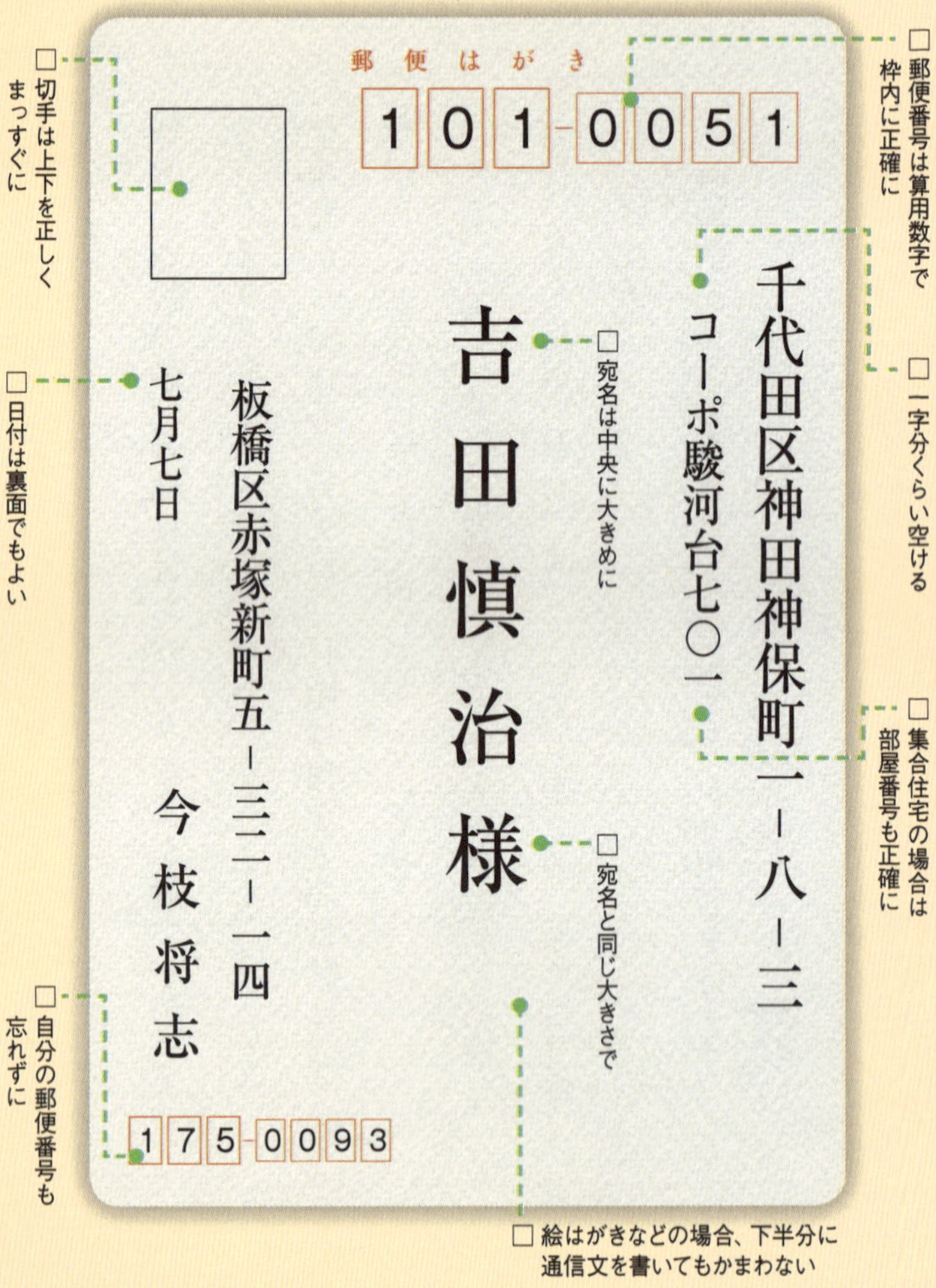

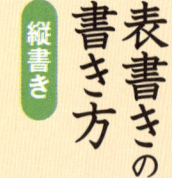

通信文の書き方
縦書き

①＝前文　(a)頭語、(b)時候の挨拶、(c)安否の挨拶
②＝主文　(e)起語、(f)本文
③＝末文　(g)結びの挨拶、(h)結語。
裏に書ききれないときは、表の下半分に通信文を書いてもよい。ただし、目上の人には失礼。

□一字分下げなくてもよい

①(a)拝啓　(b)秋冷の候、(c)ますますご健勝のこととお喜び申し上げます。

□頭語のあと一字分空ける。文字量が少ないときはここで行を変えてもかまわない

②(e)さて、(f)来る九月三十日は長女真由美の二歳の誕生日です。つきましては、小宅にてささやかな誕生祝いの小宴を催したく存じます。ご多用中の折、まことに恐縮ではございますが、午後四時頃までにお運びくださいませんでしょうか。真由美の成長ぶりを見てやっていただければ幸いでございます。

③(g)まずは右、ご案内申し上げます。

□各行間を同じにし、まっすぐに。定規をあてると書きやすい

(h)敬具

□結語は最終行の下のほうに

表書きの書き方

横書き

基本は縦書きと同じ。住所、氏名を正確に。宛名が連名の場合はそれぞれに敬称をつける（縦書きも同様）。数字は算用数字がよい。下半分に通信文を書いてもかまわない。表を横書きにする場合は通信文も横書きにする。

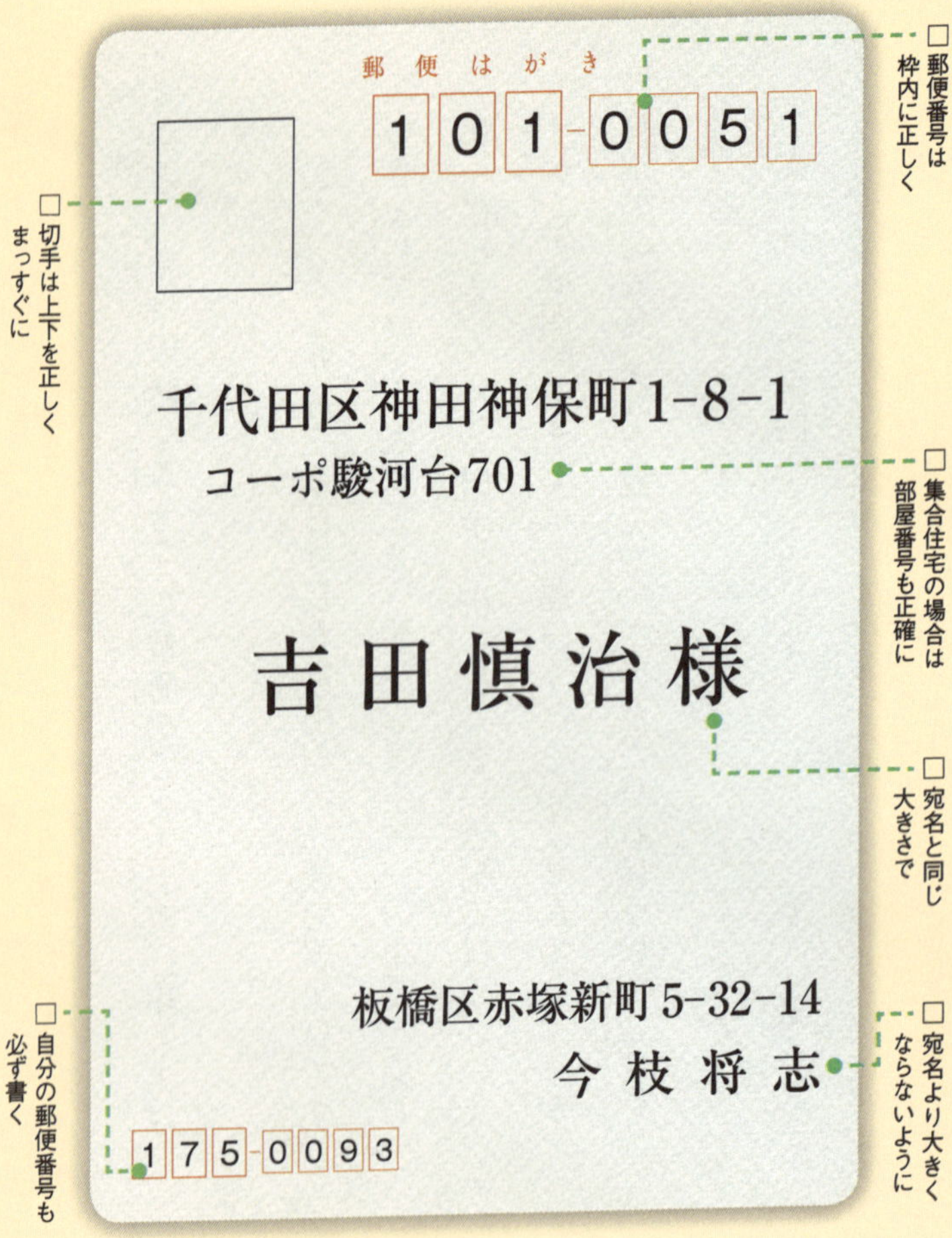

通信文の書き方

横書き

①＝前文　(a)頭語、(b)時候の挨拶、(c)安否の挨拶
②＝主文　(e)起語、(f)本文
③＝末文　(g)結びの挨拶、(h)結語。
公用文では横書きが原則だが、私信では目上の人には失礼とする考え方もある。上手に使い分けを。

①(a)
拝啓

(b)
梅雨明けを待ちかねていたかのような
猛暑がつづいていますが、(c)元気でやって
いますか。

②(e)ところで、(f)先日貴兄のお母様にお会い
し、今夏に帰省されるとうかがいました。
久し振りに一献傾けたく、てぐすねをひ
いて待っています。詳しい日程が決まって
いるのでしたら、ご面倒でもご一報くだ
さい。

③(g)再会を楽しみに、まずはお問い合わせ
まで。　(h)敬具

□一字分空けなくてもよい

□一字分空けるか、文字量が少ないときはこのようにここで頭語と行を変えてもよい

□それぞれの行間をそろえ各行をまっすぐに

□結語は最終行の右のほうに

往復はがきの書き方

往復はがきは、返事がほしい場合に重宝します。ただし、これを用いるのは、簡単な問い合わせや、クラス会などの気のおけない人々の会合の通知程度にとどめるのが無難です。

結婚式などのあらたまった儀式の招待や案内、目上の人に対しては、封書にして返信用のはがきを同封するのが礼儀です。その場合、返信用のはがきの宛先には当然、受取人の住所、氏名を明記し「行」の文字を付しておきます。

往復はがきを受け取り、返信する場合は、宛名の「行」を二本の斜線で消し、やや大きめの文字で「様」と書き改めます。会社や団体宛のときは「御中」と直します。

裏面の「ご出席」「ご欠席」は、不要なほうを二本線で消し、さらに必要なほうの「ご」という文字も二本線で消します。

「ご住所」の「ご」と「ご芳名」の「ご芳」も、やはり二本線で消すのがマナーです。そのうえで、住所と氏名を正確に記します。

ただ、これだけではあまりにもそっけないので、ひと言書き添えるようにしたいもの。とくに欠席するときは、その理由やお詫びの言葉を添えるようにしましょう。

◆往復はがきの表書き

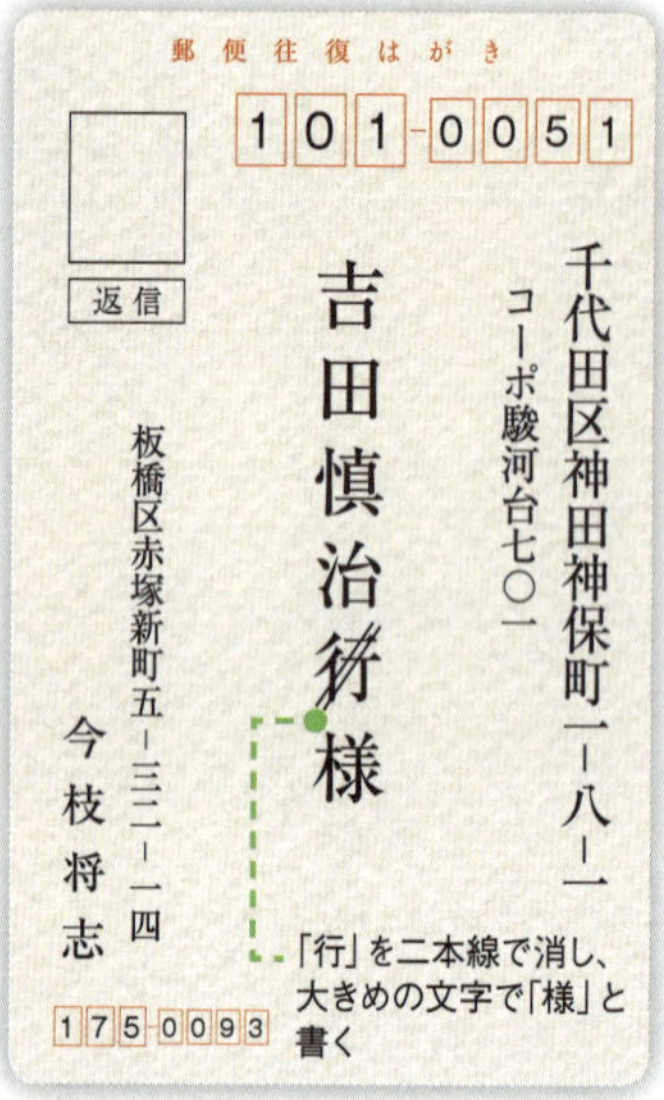

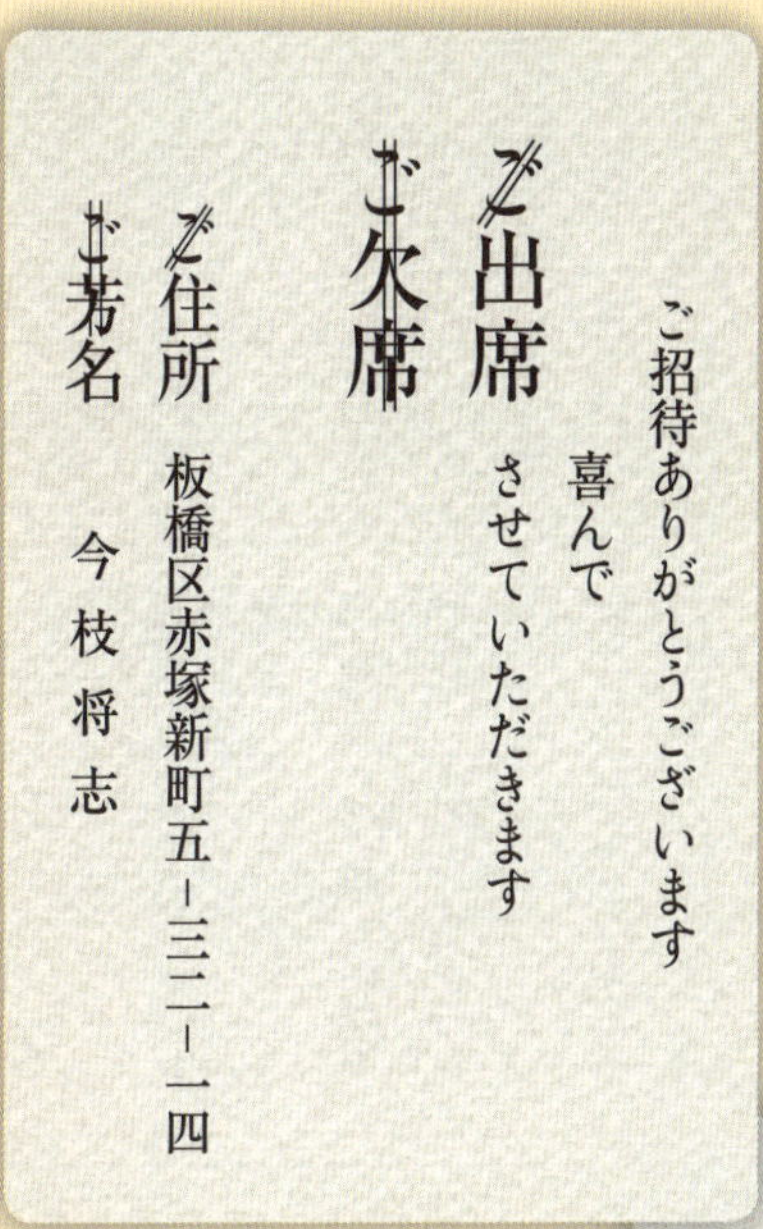

ご招待ありがとうございます
喜んで
させていただきます
ご出席
ご欠席
ご住所　板橋区赤塚新町五－三二－一四
ご芳名　今　枝　将　志

出席する場合

「ご出席」の「ご」と「ご欠席」、「ご住所」の「ご」と「ご芳名」の「ご芳」を２本線で消す。２文字以上消すときは縦線でよい。

そのうえで、自分の住所、氏名を正確に記す。郵便番号は住所の上に添えてもよいし、表の所定の位置に書いてもよい。

このままでもさしつかえないが、あまりにも事務的でそっけないので、左の例のように、お祝いの言葉、招待への感謝の言葉、あるいは幹事に対する慰労の言葉などをひと言書き添えるとよい。

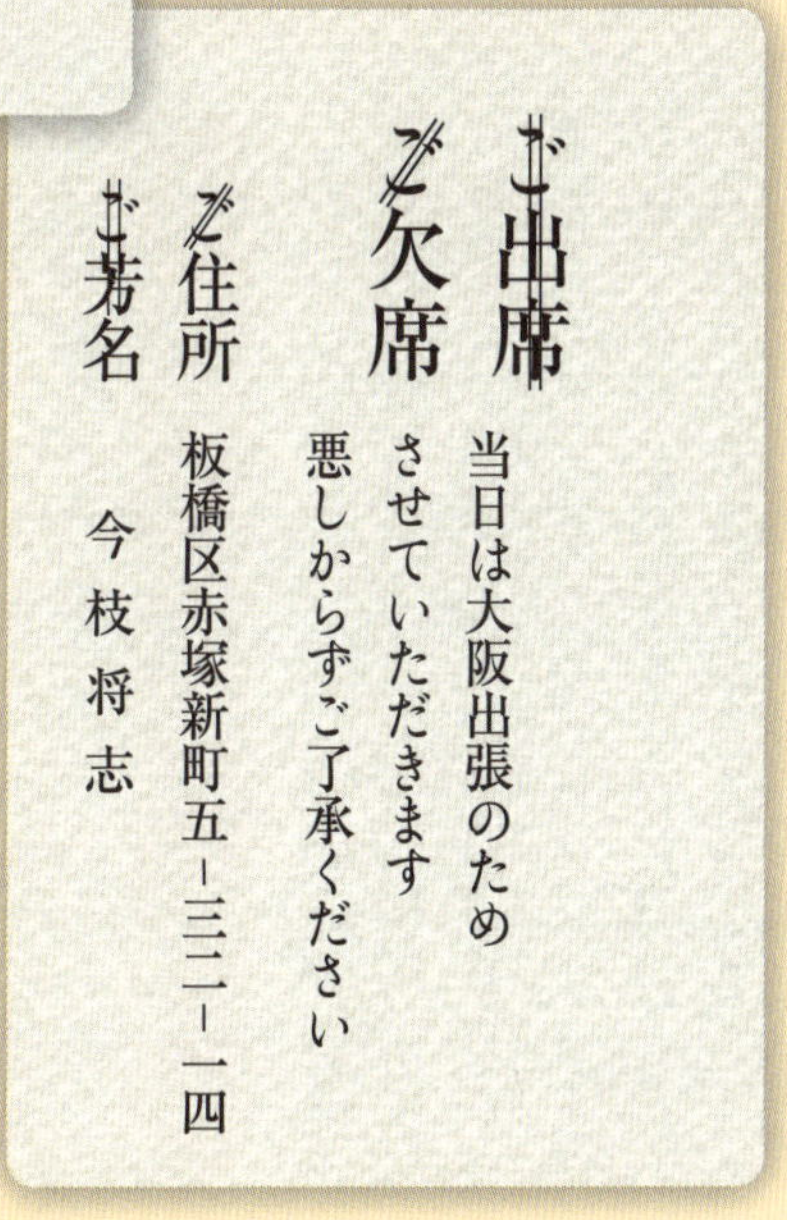

ご出席
ご欠席
当日は大阪出張のため
させていただきます
悪しからずご了承ください
ご住所　板橋区赤塚新町五－三二－一四
ご芳名　今　枝　将　志

欠席する場合

「ご出席」のすべてと「ご欠席」の「ご」を消す。「ご住所」と「ご芳名」の処理の仕方は欠席の場合と同じ。

欠席の場合はとくに、その理由やお詫びの言葉を書き添えるようにしたい。ただし、祝い事の案内・招待のときは、喪中を理由にするのは失礼。「やむをえない事情がございますので」などとぼかした表現にする心遣いがほしい。

前文の書き方

前文とは、用件に入る前の挨拶で、いわば相手に対する呼びかけの言葉です。前記の表（18ページ）に示したように、頭語、時候の挨拶、先方または当方の安否の挨拶、お礼やお詫びの挨拶などがあります。

頭語から書き出し、時候の挨拶、先方の安否を問う挨拶、当方の安否を知らせる挨拶とつづけ、日頃の交誼のお礼の挨拶やご無沙汰のお詫びの挨拶を付け加えるのが、基本的なパターンです。

ただし、前文を必ずしも必要とするものではなく、全部あるいは部分的に省略する場合もあります。

たとえばお見舞い状など、緊急を要するときは前文を省き、いきなり主文に入るほうがよいとされています。

また、はがきのスペースには限度があるので、長々と前文を書きつづっていたのでは、用件を伝えるという肝心の目的が果たせなくなる可能性もあります。親しい間柄の人へのはがきの場合は前文を省略するなど、ケース・バイ・ケースで判断するようにしてください。

頭語

頭語は文字どおり、はがき文の〝頭〟に来る書き出しの言葉です。一般には「拝啓」が用いられますが、ほかにも多くの種類があります。使い方は、はがき文の内容や性格によっても異なるし、結語との対応も考えなければならないので、結語の項（51ページ）で紹介します。

時候の挨拶

これは、四季の変化や折々の風物を織り込んだ挨拶を行なうことで、相手を思いやる心情を表わすものです。

次ページ以降に、しばしば使われる時候の挨拶の常用類句を月ごとに掲げておきますが、むろん、これにこだわる必要はありません。とくにあらたまったはがきでないのなら、むしろ自分自身が感じたことを、自分自身の言葉で表現したほうが好感を持たれます。

なお、季節にかかわりなくいつでも用いることができる、次のような挨拶もあります。

●時下　●目下　●時節柄　●季節柄
●時分柄　●時候不順の折柄

ただし、時候の挨拶は、病気や災害のお見舞い、凶事、その他緊急時のはがきでは省略するのが礼にかなっているとされています。

一月の時候の挨拶

●新春の候（節、みぎり）　●初春の候
●厳寒の候　●厳冬の候　●酷寒の候
●極寒の候　●大寒の候　●寒冷の折から
●寒気厳しき折から　●寒風吹きすさぶ折から
●寒気ひときわ身にしむ折から
●寒さ耐えがたき折から
●寒気が身を引き締める今日このごろ
●寒気日増しに激しくなるこのごろ
●例年になく寒い日がつづいております
●寒気ひときわ厳しい毎日です
●日ごとに寒さがつのってまいります
●新春とは名ばかりの厳しい寒さです
●大寒に入ってから寒気ますます厳しく
●いよいよ本格的な寒さになってまいりました
●いよいよ本格的な冬将軍の到来です
●山から吹きおろす風もひときわ寒く
●吹く風一段と身にしみるこのごろ
●毎朝氷が張り、身も凍る思いです
●いつしか松の内も過ぎました
●雪に明け雪に暮れる毎日です
●今年の雪は○年ぶりかの豪雪とか
●折からの降雪であたりは一面の銀世界
●白一色の雪景色が広がり
●山の峰々は真白く輝き
●ちらちらと白いものが舞うこのごろ
●野も山も白一色に雪化粧しております
●しんしんと雪が降りつづき
●雪晴れの青空が鮮やかなこのごろ
●風花の舞う今日このごろでございます
●軒のつららが朝日にきらめいて
●軒のつららも日増しに長くなり
●軒のつららも数日とけない寒さ

●冬には珍しく暖かい日がつづいています
●例年にない暖かい寒の入りとなりました
●福寿草が小さな花を咲かせました

二月の時候の挨拶

●余寒の候（節、みぎり）　●春寒の候
●残寒の候　●晩冬の候　●立春の候
●解氷の候　●向春の候　●梅花の候
●余寒なお厳しく　●余寒ことのほか厳しく
●残寒のみぎり　●残寒なお肌をさす昨今
●残寒厳しき折から　●向春の気配なお遠く
●余寒まだ去りやらぬこのごろ
●晩冬の名残いまだ去りやらず
●春まだ浅き今日このごろ
●立春とは名ばかりの寒い日がつづきます
●立春とはいいながら寒気なお厳しく
●暦の上では春立つとは申しながら
●暦の上ではすでに春なのですが
●冬来たりなば春遠からじといいますが
●春とは名のみで寒さは一層つのり
●春とは申せ寒中にもまさる寒さがつづきます
●寒明けとは申せ寒さがぶりかえしたようで
●寒明け後かえって寒さが増したようで
●冬がまた逆戻りしたような寒さですが
●寒気はなかなか衰えませんが
●底冷えの残る日がつづきます
●梅一輪一輪ほどの暖かさと申しますが
●庭の梅もぼつぼつほころびはじめました
●梅のつぼみもそろそろふくらむころ
●早咲きの梅の花もちらほらと
●梅の便りもちらほらと耳にするころ
●柳の芽もようやく色めきはじめ
●土手の枯れ草にも青い芽が見えはじめました
●雪解けの下に草の芽も見えはじめ

●どことなく春の気配も漂いはじめ
●日中には春の気配が見えはじめ
●寒さのなかにも早春の息吹が感じられるころ
●雪解けの水もようやくぬるみはじめ
●春はもうそこまで来ております
●春の足音もようやく聞こえはじめ

三月の時候の挨拶

●早春の候（節、みぎり）　●浅春の候
●春暖の候　●春分の候　●転暖の候
●霞立つころ　●桃の節句の季節
●春まだ浅いこのごろ　●春光うららかな候
●春浅くいまだ風が冷たく感じられます
●春三月とは申せ寒さまだ去りやらず
●春とはいえまだ寒い日がつづきます
●春寒しだいにゆるむこのごろ
●だいぶ春めいてまいりました
●ようやく春めいてきました
●ひと雨ごとにすっかり春めいてきました
●ひと雨ごとの暖かさ、春はもうそこまできております
●日増しに春らしくなってまいりました
●日増しに暖かさを感じる今日このごろ
●日増しに暖かくなってまいりました
●春色とみに色濃くなってまいりました
●暑さ寒さも彼岸までと申しますが、すっかり春らしくなってきました
●寒さもようやくゆるんでまいりました
●川の水もようやくぬるみ
●雪解けの水が日ごとに輝きを増していくころ
●庭の木々の芽もふっくらとしてまいりました
●梅の香りがどこからともなく漂ってきます
●梅の香りが春風に乗って運ばれてきます
●桜もようやくほころびはじめました

●桜前線北上中の今日このごろ
●春一番が吹き、急に暖かくなってきました
●日差しもすっかりやわらかくなりました
●吹きくる風も心地よい季節となりました
●さわやかな風が頬をなでていきます
●川面を吹く風もさわやかなころ
●陽光うららかでのどかさを覚えるころ
●山の雪も解けはじめ、春の訪れを実感する頃
●四方の山もすっかり春めき

四月の時候の挨拶

●春暖の候（節、みぎり）　●陽春の候
●軽暖の候　●仲春の候　●麗暖の候
●桜花の候　●桜花爛漫の候　●春爛漫の候
●春暖快適の候　●春風駘蕩の候
●春眠暁を覚えずの候　●春日華麗の候
●春光うららかな好季節　●春光あまねく季節
●かげろう燃える今日このごろ
●春たけなわの季節となりました
●春たけなわの折から
●のどかな春になりました
●花の便りが相次ぐ今日このごろ
●花の便りが次々と舞い込むこのごろ
●各地からの花便りもにぎやかな今日このごろ
●桜前線は北国へもようやく到着しました
●八重桜も今を盛りと咲き誇っています
●花見の好季節となりました
●花冷えの今日このごろ
●花吹雪が舞うこのごろ
●いつしか葉桜のころとなりました
●花も終わり葉桜の候となりました
●うららかな春日和がつづいております
●うららかな春の日差しが心地よい好季節
●春の気配もようやく整いました

- 春いろ日増しに濃くなるこのごろ
- 若草が目にも鮮やかに燃え立つ季節
- 若葉の緑が目に鮮やかな今日このごろ
- 木々の新緑が春光に映える季節
- 春たけなわ、行楽の好季節となりました
- 春風に誘われてつい外出したくなる季節
- 吹く風もさわやかな好季節
- 春たけなわの好日和
- 卯の花の咲き匂うこのごろ
- 野辺にかげろうが立つ今日このごろ
- 春宵一刻値千金の好季節
- しめやかに春雨が降りつづいています

五月の時候の挨拶

- 残春の候（節、みぎり）　● 晩春の候
- 暮春の候　● 老春の候　● 惜春の候
- 新緑の候　● 葉桜の候　● 薫風の候
- 初夏の候　● 立夏の候　● 軽夏の候
- 軽暑の候　● 余花の候　● 風薫る季節
- ゆく春の惜しまれるこのごろ
- 五月晴れの好季節　● 新緑したたる好季節
- 若葉に風香る昨今
- 若葉が目にも鮮やかな好季節
- 木々の緑がすがすがしい今日このごろ
- 野も山も美しい若葉におおわれて
- 新緑が目にしみるこのごろ
- 新緑の香りがあたりに満ち満ちています
- 若葉の緑も次第に色濃くなってきました
- 街路樹のみずみずしい若葉が新鮮です
- 目に青葉山ほととぎす初鰹の好季節
- 初鰹が食卓をかざる時期
- 寒からず暑からずの好季節
- 暦のうえではもう夏
- つつじが今を盛りと咲き乱れています

●青葉若葉をわたる風が爽快です
●頬をなでる風も一段と心地よく感じられます
●樹林を吹き抜ける薫風も快く
●吹く風もどことなく夏めいて
●波の光もひときわ明るくなった昨今
●若葉の陰がなつかしい時期となりました
●まるで初夏を思わせる陽気です
●雲ひとつない五月晴れの空が広がっています
●紺碧の空に鯉のぼりが泳いでいます
●鯉のぼりが五月の風に舞っています
●皐月の空に鯉のぼりが躍っています
●矢車の音が耳に心地よく響きます
●はや夏を思わせるような日差しの強さ
●すでに夏の気配すら感じられるこのごろ

六月の時候の挨拶

●初夏の候（節、みぎり）　●梅雨の候　●長雨の候　●麦秋の候　●薄暑の候
●向夏の候　●向暑の候　●短夜の候
●薫暑の候　●首夏の候　●黄梅の候
●うっとうしい長雨がつづきます
●梅雨空のうっとうしいこのごろ
●連日の長雨に閉じ込められた昨今
●毎日毎日雨ばかりの日がつづきます
●明けても暮れても雨ばかりの昨今
●うっとうしい梅雨空の毎日です
●連日の梅雨空にいささかうんざりしています
●空梅雨がつづいています
●連日の雨もひと休みのようで、今日はすがすがしい青空が広がっています
●梅雨の晴れ間の青空が新鮮です
●久し振りの青空に初夏の気配が感じられます
●梅雨の中休みの日差しはすでに夏の気配
●久方ぶりに梅雨晴れの空を仰ぎました

●降りつづく雨に木々の緑も色を深めています
●雨後の新緑がひときわ濃くなった気がします
●雨にぬれた青葉が色鮮やかに目に映えるころ
●山々の緑もいよいよ濃くなり
●若葉の息吹も一段と悩ましくなり
●衣替えの季節になりました
●若鮎おどる嬉しい季節になりました
●渓流に若鮎の銀鱗がきらめく季節
●そろそろ蛍が飛び交うころ
●あじさいの花の色もひときわ濃くなり
●朝顔のつるもぐんぐんと伸びています
●青田をわたる風がさわやかです
●南のほうからはすでに海開きの話題が届き
●そろそろ海や山が恋しい季節
●このところめっきり暑くなってきました
●吹く風もどこやら夏めいてまいりました
●緑の梢にそよぐ風はすでに夏の気配です

七月の時候の挨拶

●炎暑の候(節、みぎり)　●猛暑の候
●酷暑の候　●灼熱の候　●炎熱の候
●極暑の候　●甚暑の候　●盛暑の候
●盛夏の候　●大暑の候　●仲夏の候
●お暑い折柄　●暑さ厳しい折から
●いよいよ夏の到来です
●いよいよ夏がやってきました
●ことのほか厳しい暑さです
●毎日うだるような暑さがつづきます
●連日の猛暑しのぎがたい昨今
●近年まれにみる暑さです
●今年の暑さはとりわけ厳しいようです
●梅雨明けの暑さはひとしおでございます
●梅雨明けを待ちかねていたかのように厳しい暑さがつづきます

●梅雨明け後むし暑い日がつづきます
●長雨のあとの連日の炎暑に閉口しています
●炎熱日ごとに加わってまいりました
●夏とはいえ、この数日の暑さは格別です
●日ごとに暑さが厳しくなってきました
●連日の猛暑に庭の草木もぐったりしています
●草も木も生気を失うような炎暑がつづきます
●真夏日がつづき、ひと雨ほしいこのごろ
●寝苦しい熱帯夜がつづいております
●海や山を恋しく思うこのごろ
●水辺が恋しい今日このごろ
●涼風のほしい昨今です
●蝉の声が暑さをいっそうかきたてます
●蝉しぐれがしきりの今日このごろ
●天の川の美しい季節になりました
●夏空の青さがまぶしいこのごろ
●入道雲がわきたつころとなりました
●風鈴の音にようやく涼味を覚えております
●夏祭りの太鼓とお囃子の音が届いています
●花火の音が遠く近く聞こえてきます

八月の時候の挨拶

●残暑の候（節、みぎり）　●残炎の候
●残夏の候　●晩夏の候　●暮夏の候
●処夏の候　●秋暑の候　●新涼の候
●残暑なお厳しき折から
●秋夏しのぎがたい昨今
●暦の上ではもう秋ですが、残暑いまだ衰えず
●土用明けの暑さはまた格別です
●立秋とは名ばかりの暑い日がつづきます
●立秋とはいえ、日中の暑さしのぎがたく
●立秋を過ぎましたのに、暑さはまだまだ去りそうにありません
●残暑ひときわ身にこたえる今日このごろ

●しのぎがたい残暑がつづきます
●今年の残暑はことのほか厳しいようです
●朝夕は幾分涼しくなりましたが、日中はまだまだ猛暑がつづいております
●耐えがたい残暑ですが
●暑さもようやく峠を越したようです
●朝夕はいくらかしのぎやすくなったようです
●さすがに朝夕は涼風が立ちはじめました
●どことなく秋の気配が感じられる昨今
●しのびよる秋の気配が感じられるころ
●ひぐらしの声に涼味を覚える今日このごろ
●虫の音にようやく秋の気配が感じられるころ
●すだく虫の音が秋近しを思わせます
●夜空にも秋の気配が漂いはじめました
●夜空に銀河をあおぎ見るころ
●天の川も一段と輝きを増してきました
●夜風はすでに秋を感じさせます
●赤トンボの姿を見かけるようになりました
●海にはすでに土用波が立ちはじめました
●すすきの穂もちらほら見かける昨今
●盆踊りの太鼓の音や歌声が風に乗って聞こえてきます
●夏も終わりを告げようとしています

九月の時候の挨拶

●初秋の候（節、みぎり）　●新秋の候
●新涼の候　●秋涼の候　●秋冷の候
●爽秋の候　●白露の候　●良夜の候
●新秋快適の候　●灯火親しむ候　●読書の秋
●スポーツの秋　●天高く馬肥ゆる秋
●日増しに秋の気配が濃くなってまいりました
●ようやくしのぎやすい季節になりました
●めっきり秋めいてきました
●朝夕の風に秋の涼しさを感じるころ

- やっと暑さから解放され、さわやかな季節となりました
- 日中の残暑にはまだ厳しいものがありますが、朝夕はすっかり秋です
- ひと雨ごとに秋色が濃くなってきました
- ひと雨ごとに秋の深まりを感じる昨今
- 日増しに秋の深まる気配を感じます
- ようやく秋色が目に立つようになりました
- 暑さ寒さも彼岸までとか、このところめっきり秋めいてきました
- すがすがしい秋晴れの日がつづいております
- 秋風が肌に心地よいころとなりました
- さわやかな秋風が頬をなでていきます
- 庭の秋草も色めいてまいりました
- 萩の花が咲き乱れ、秋の気配をひときわ感じさせております
- 萩の花が乱れ咲く風情も見られるころ
- 稲田が黄金の波をそよがせています
- 虫の音もようやく繁くなってきました
- 虫のコーラスが聞かれる昨今
- 赤トンボが群れをなして飛んでいます
- 空高く澄みわたる今日このごろ
- 秋空にいわし雲が浮かんでいます
- 秋空もさわやかな好季節
- 秋の夜長にしみじみともの思うころ
- 秋祭りのお囃子の音が聞こえてまいります

十月の時候の挨拶

- 仲秋の候（節、みぎり）
- 錦秋の候
- 秋冷の候
- 爽涼の候
- 寒露の候
- 秋麗の候
- 紅葉の候
- 黄葉の候
- 秋容の候
- 秋雨の候
- 清秋の候
- 夜長の候
- 秋晴れの候
- 菊薫る候
- 菊花薫る候
- 秋冷爽快の候
- 錦綾なす候

●灯火親しむ候　●秋たけなわの候
●読書の秋　●芸術の秋　●行楽の秋
●味覚の秋　●スポーツの秋　●実りの秋
●秋もめっきり深まってまいりました
●秋の夜長となりました
●秋の気配いよいよ濃くなってまいりました
●秋も深まり、朝夕は肌寒さを覚える昨今
●秋気ようやく身にしむころ
●秋空高くさわやかな好季節
●雲ひとつない絶好の秋日和です
●さわやかな秋晴れの日がつづいております
●秋気が心地よい今日このごろ
●木々の葉も色づいてまいりました
●街路樹の葉もそろそろ黄ばみはじめました
●山々の木は色づき、すすきの穂は白く変わる候となりました
●満山紅葉、行楽の好季節となりました
●紅葉前線が南下中の昨今
●庭にはコスモスが咲きみだれています
●庭の柿も色づいてきました
●野も山もすっかり秋景色のこのごろ
●黄金色に変わったイチョウの葉が深まる秋を実感させます
●秋もはや半ばを過ぎてしまいました
●秋雨にどことなく寂しさを感じるこのごろ
●めっきり涼しくなってまいりました
●北国からははや初雪の便りも聞かれます
●日脚もすっかり短くなってまいりました

十一月の時候の挨拶

●晩秋の候（節、みぎり）　●深秋の候
●暮秋の候　●向寒の候　●霜秋の候
●霜寒の候　●深冷の候　●初霜の候
●冷雨の候　●紅葉の候　●菊花の候

●菊薫る候　●小春の候　●小春日和の候
●霜降る月となりました
●日増しに寒くなる折から
●日増しに冷気加わるこのごろ
●菊の香漂う今日このごろ
●霜枯れの季節になりました
●日一日と寒さに向かっております
●秋色一段と深まってまいりました
●ずいぶん日が短くなりました
●日脚がめっきり短くなってまいりました
●初霜に驚かされました
●野も山も霜枯れた昨今
●朝夕めっきり冷え込む時候となりました
●夜寒が身にしむころとなりました
●行く秋の寂しさをしみじみ感じるこのごろ
●行く秋の感慨そぞろな今日このごろ
●吹く風のうすら寒い昨今

●落ち葉が散り敷く季節になりました
●風に散る木の葉に深まりゆく秋を実感します
●木枯らしが吹きはじめ、冬の近いことを思わせる今日このごろ
●木の葉も一枚一枚枯れ落ちていくこのごろ
●そろそろコタツの恋しい季節となりました
●ストーブが恋しい時節となりました
●日だまりが恋しい今日このごろ
●落ち葉に秋の深まりを感じる毎日です
●菊花の香り高い小春日和の今日このごろ
●おだやかな小春日和がつづきます
●冷雨が降り続き、虫の音も衰えていく昨今
●冬の気配が近々と感じられるこのごろ
●冬が駆け足で近づいて来る気配を感じます

十二月の時候の挨拶

●初冬の候（節、みぎり）　●師走の候

●霜寒の候　●寒冷の候　●寒気の候
●厳寒の候　●歳晩の候　●歳末の候
●年末の候　●木枯らしの季節
●落ち葉の季節　●歳末多忙の折
●厳寒の折から　●年末余日少なき折
●心せわしい年の暮れ　●あわただしい年の瀬
●寒さひとしお身にしむこのごろ
●寒気ひときわ厳しい今日このごろ
●今年も押し迫ってまいりました
●いよいよ年の瀬も押しつまってきました
●本年も残り少なくなってまいりました
●年内も余日少なくなりました
●年内も余すところわずかとなりました
●本年も残すところ数日となりました
●なにかとあわただしい季節となりました
●師走のあわただしい季節になりました
●なにやかやと気ぜわしい年の暮れ

●迎春の準備に忙しい折から
●吹く風も一段と身にしむ年の瀬
●終日木枯らしが吹きすさんでおります
●木枯らしに思わずコートの襟を立てるこの頃
●寒い北風が吹きつのる今日このごろ
●寒い北風に落ち葉が舞っています
●山の頂きはすっかり雪化粧しています
●師走の寒さはひとしおでございます
●いよいよ冬将軍の襲来です
●この寒さは本格的な冬の到来を思わせます
●冬木立の姿も肌寒く感じられるこのごろ
●道行く人もすっかり冬仕度をしています
●野も山も荒涼とした冬のながめです
●野も山もすっかり冬枯れております
●どんよりとした厚い雲がたれこめています
●スキーシーズンの到来です
●ジングルベルの音が響く季節になりました

安否の挨拶

安否の挨拶は、一般に時候の挨拶のあとにつづけるもので、相手の無事や繁栄を祝福したり、相手の安否を尋ねたりする挨拶と、自分のほうの安否を知らせる挨拶の二種類に大別されます。いうまでもなく、まず相手の安否を尋ね、次いで自分側の安否を知らせるのが礼儀です。

先方への安否の挨拶は、「お変わりありませんか」などと、相手の安否を尋ねる文面にするのが通例ですが、儀礼的なはがきの場合は相手の無事や繁栄を祝福する文面が多用されます。

自分側の安否の挨拶は、先方への安否の挨拶をした場合にだけ述べるようにします。また、相手にまったく面識のないとき、それほど親しくないとき、相手の無事でないことがわかっているときのほか、招待状、挨拶状などでも、自分側の安否の挨拶は省略します。

◆相手の安否を尋ねる挨拶

- その後お変わりございませんか。おうかがい申し上げます
- 皆様にお変わりございませんでしょうか
- お変わりなくいらっしゃいますか
- ご一同様にはいかがお過ごしでしょうか
- お障りございませんでしょうか
- ご機嫌いかがでございますか
- いかがご起居なさっていらっしゃいますか
- ご様子はいかがでしょうか
- お障りもなくお暮らしでございましょうか
- お健やかにお過ごしでございましょうか
- お達者にお暮らしでございましょうか
- お変わりなくお過ごしでございましょうか
- ご機嫌よくお暮らしでしょうか

●相変わらずご壮健でしょうか
●ご健勝でございましょうか
●いかがおしのぎでしょうか

◆相手の無事や繁栄を祝福する挨拶

●ご健勝のことと存じます
●お元気のことと存じます
●ご壮健のことと拝察いたします
●ご平安のことと拝察申し上げます
●ご清栄のことと存じ上げます
●お元気でお過ごしのことと思います
●お健やかにお過ごしのことと存じます
●お変わりなくお暮らしのことと存じます
●ご無事でお暮らしのことと存じます
●お達者でお暮らしのことと存じます
●大過なくお過ごしのことと存じます
●つつがなくお過ごしのことと拝察いたします

- お元気でご活躍のことと拝察いたします
- お変わりなくご活躍のことと存じます
- お障りもなく無事にお過ごしのことと拝察いたします
- 皆様にはいよいよご健勝のこととお喜び申し上げます
- 皆様にはますますご清祥のことと、心よりお慶び申し上げます
- ご一同様にはますますご清栄の段、お喜び申し上げます
- ますますお元気でご活躍の趣、慶賀の至りに存じます
- ますますご清祥のことと拝察いたし、なによりに存じます
- ますますご安泰のこととうけたまわり、賀し申し上げます
- ますますご発展の段、慶賀に存じ上げます
- いよいよご清適の由、大慶に存じます
- いよいよご清福の趣、お祝い申し上げます
- お変わりなくご精励されている由、なによりでございます
- ご繁栄のご様子、大慶に存じ上げます
- ご盛栄の段、お祝い申し上げます

◆当方の安否を知らせる挨拶

- 当方一同、お蔭様で無事に暮らしておりますので、他事ながらご安心ください
- 家族一同、おかげをもちまして無事消光しておりますのでご休心ください
- 拙宅一同つつがなく暮らしておりますので、余事ながらご放念ください
- 私方も変わりなく暮らしていますので、心配ご無用に願います
- 私ども相変わらず元気に過ごしております

●皆至って健康に過ごしております
●家族そろって元気に消日しています
●当方、達者に暮らしています
●家族全員元気ですからご安心ください
●皆別状なく無事息災に過ごしています
●一同平安に過ごしております
●私も風邪ひとつひかず元気にやっています
●私も大過なく消日いたしております

感謝とお詫びの挨拶

日頃お世話になっている人へのお礼、ご無沙汰している人へのお詫びなどを述べる部分です。はがきの目的がお礼やお詫びにあるときは、これが主文となります。

時候の挨拶、安否の挨拶を省略して、感謝やお詫びの挨拶から書き出すこともあります。

◆感謝の挨拶

●日頃はなにかとお世話になり、まことにありがたく存じます
●つねづねひとかたならぬご芳情を賜り、心から感謝申し上げます
●いつもお心にかけていただき、まことに恐縮に存じます
●平素は格別のご高配にあずかり、お礼の申し上げようもございません
●毎々ご親切なご配慮をいただき、まことにありがとうございます
●平素はなにかとお心配りを賜り、厚く御礼申し上げます
●毎度過分のご懇情にあずかり、深く感謝申し上げます
●このたびはひとかたならぬお世話になり、恐縮至極に存じます

- 先日は特段のご厚情をこうむり、まことにありがたく、心から御礼申し上げます
- 先日は思いがけぬご厚情に浴し、衷心よりお礼申し上げます
- 過日は種々ご高配にあずかり、感謝至極に存じております
- 過日はお忙しいところ、お力添えを賜り、まことにありがたく存じます
- このたびはご多忙中にもかかわらず、お骨折りくださり、ありがとうございます

◆ご無沙汰のお詫びの挨拶

- その後長らくご無沙汰いたしております
- すっかりご無沙汰いたしました
- ご無沙汰を心よりお詫び申し上げます
- ご無沙汰をお許しください
- ご無沙汰いたして申し訳なく存じます
- 日頃はご無沙汰ばかりで申し訳ございません
- 平素はとかくご無沙汰がちで恐縮に存じます
- 平素は心ならずもご無沙汰を重ね、深くお詫び申し上げます
- 多用にとりまぎれて、とかくご無沙汰がちで恐縮いたしております
- いつも心にかかりながら、ついご無沙汰をいたし幾重にもお詫び申し上げます
- ご無音をお詫び申し上げます
- 久しくご無音に打ちすぎ申し訳ございません
- 日頃はご連絡を怠り、ついご無音を重ねてしまいました
- 長らくのご無音、汗顔の至りに存じます
- 日頃のご疎音お許し願います
- 一別以来心ならずもご疎遠に打ちすぎ申し訳もございません
- 生来の筆不精のため、つい疎音を重ねました

ことお許しください

●久しくお尋ねもせず恐縮いたしております

●久しくお便りも差し上げず心よりお詫び申し上げます

●雑事にかまけて長らくおうかがいもせず心苦しく存じます

◆その他のお詫びの挨拶

●昨日は心ならずもご迷惑をおかけいたし、相すみませんでした

●先日は突然おうかがいして申し訳ございませんでした

●過日は面倒なお願いをして恐縮でした

●先日は長居をしてしまい申し訳ございませんでした。ご勘弁ください

●○○の折はご厄介になり、すみませんでした

●このたびはお手数をわずらわし、恐縮の至りに存じます

●先日はとんだ粗相をいたし、お詫びの申しようもございません

●過日はご無理なお願いを申し上げ恐縮至極に存じます

●早速ご連絡すべきところ、ついつい遅くなりましたこと、心よりお詫び申し上げます

面識のない人への挨拶

面識のない人へ初めてはがきを出すときは、いきなり用件を切り出すのは失礼。日常、初対面の人に自己紹介するように、それなりのマナーが必要です。頭語のあと、時候の挨拶などは省略して、次のような挨拶文したためます。

●初めておはがきを差し上げます

●突然お便り差し上げますご無礼、なにとぞご容赦ください

- 突然一筆申し上げる失礼、お許しください
- ○○様からご紹介にあずかりました□□でございます

返信の挨拶

返信の場合は、まず便りを受け取ったことの報告をします。これを前文に代えてもかまいませんし、さらに時候の挨拶、安否の挨拶、感謝やお詫びの挨拶を加えることもあります。

- お手紙拝受いたしました
- ○月○日付のご書面拝見いたしました
- お便り懐かしく拝読いたしました
- 本日、ご状落手いたしました
- このたびはご丁重なご書面をいただき、ありがたく拝見いたしました

主文の書き方

主文は、用件を述べる最も大事な部分ですが、いきなり用件には入らず、起語を用いるのが通例です。起語は、前文と主文を区別して「ここから用件に入りますよ」と注意を喚起するもので、前文のあとに行を改めて書き出します。

　起語の種類には次のようなものがあります。

- さて　● ところで　● さてこのたびは
- つきましては　● 実は　● ときに
- 突然ですが　● 突然ながら
- 早速ですが　● 早速ながら
- 承れば　● 承りますれば
- さて申し上げにくいのですが
- まことに恐縮ですが
- ほかでもありませんが

　このうち一般には「さて」「ところで」が多用されます。前文を省略する場合は「突然ですが」「早速ですが」「承れば」などを用います。

　起語のあと、いよいよ本文に入ります。本文は、はがきの目的となる用件を述べる部分です。その用件が正確に相手に伝わらないような文では用をなしません。

　相手に何を伝えたいのかを整理したうえで、限られたスペースに収まるように、簡潔かつ明確に、しかも要領よく書くことが大切です。

　用字・用語、字配りなどにも注意してください。相手側を示す語（皆様、貴兄など）が行末にきたり二行に分かれたりするのは失礼とされます。自分側を示す語（私、小生など）が行頭にくるのも礼に反します。

　まとめ方は次章の実例を参考にしてください。

末文の書き方

末文は、はがき文の締めくくりの部分。終わりの挨拶に当たり、結びの挨拶と結語からなっています。

はがき文は用件を書けば終わり、というものではありません。たとえば、だれかを訪問したときのことを考えてみてください。用件を述べたあとは、「失礼します」などと挨拶をしてから辞去するはずです。はがきもまったく同様で、結びの挨拶を記すのがマナーです。

結びの挨拶

結びの挨拶には、用件を結ぶ言葉、愛顧のお願い、健康や自愛を祈る言葉、伝言の依頼、乱筆・乱文のお詫びなどがあり、主文の内容によって書き分けます。

◆一般的な結びの挨拶

- まずは右まで
- まずは要件（要用）のみ
- まずは要件（要用）のみにて失礼いたします
- まずはお祝い（ご祝辞、お知らせ、近況お知らせ、ご通知、ご連絡、ご報告、近況ご報告、お願い、お礼、御礼、ご案内、ご招待、ご挨拶、ご依頼、お尋ね、お詫び、お見舞い、お返事、ご紹介、ご照会……以下※部分は同様）まで
- 右※お祝い申し上げます
- まずは右※お祝い申し上げます
- とりあえず右※お祝いまで
- まずは右とりあえず※お祝い申し上げます
- 右取り急ぎ※お祝い申し上げます
- まずは右取り急ぎ※お祝いまで申し上げます

- 略儀ながら書中にて※お祝い申し上げます
- 右略儀ながら書面をもって※お祝い申し上げます
- お礼かたがたお願いまで
- これにて失礼いたします

◆愛顧を願う挨拶

- 今後ともよろしくお願いいたします
- 今後ともご指導ご鞭撻のほどお願い申し上げます
- 引き続きご高配を賜りますようお願い申し上げます
- お力添えのほどお願い申し上げます
- よろしくお引き回しください
- 従前同様のご交誼をお願い申し上げます

◆健康や自愛を祈る挨拶

- ご自愛のほどお祈り申し上げます
- ご自愛専一になさってください
- 切にご自愛のほど願い上げます
- 時節柄お身体お大切に
- 気候不順の折から、御身おいといください
- ご健康を心よりお祈りいたします
- くれぐれもお身体お大事になさいますよう
- お元気でご活躍ください
- ご多幸を心よりお祈りいたしております

◆伝言依頼の挨拶

- 末尾ながら奥様（ご主人様）にもよろしくお伝えください
- 末筆で恐れ入りますが、ご両親様へくれぐれもよろしく申し上げてください
- 皆様へよろしくお伝えくださいませ
- この趣、皆様にもご伝言ください

◆乱筆・乱文のお詫びの挨拶

- 乱筆お許しください
- 乱筆乱文お詫び申し上げます

●取り急ぎの乱筆恐縮に存じます
●乱筆乱文よろしくご判読のほどお願い申し上げます

結語

結語は末文の最後に添える「敬具」などのことで、前述したように、頭語に対応するものを使用しなければなりません。

また、はがきの内容によって使い分ける必要があります。

頭語と結語は以下のように対応させます。

◆一般的なはがき◆
●拝啓／拝呈／啓上／一筆啓上／一筆申し上げます→敬具／拝具／さようなら／ではまた／かしこ（女性）／ごめんくださいませ（女性）

◆儀礼的なはがき◆
●謹啓／粛啓／恭啓／謹白／謹んで申し上げます→敬白／謹言／粛言／謹具／再拝／あらあらかしこ（女性）／めでたくかしこ（女性）

◆急ぎのはがき◆
●急啓／急呈／急白／取り急ぎ申し上げます→草々／匆々／不一／不尽／かしこ（女性）

◆再度のはがき◆
●再啓／再呈／追啓／重ねて申し上げます→敬具／拝具／かしこ（女性）

◆前文省略のはがき◆
●前略／冠省／略啓／前略ごめんください→草々／匆々／不一／不尽／かしこ（女性）

◆返信のはがき◆
●拝復／復啓／謹復→敬具／拝具／拝答／敬白／以上／かしこ（女性）

なお、年賀状、暑中見舞い状、死亡通知状、災害見舞い状などは頭語も結語もつけません。

はがきを書くときの心得とマナー

はがきは半ば公開の書簡

はがきはきわめて手軽な通信手段であり、普通の通信文を書くにはなんらさしつかえありません。しかし、封書と違って第三者の目に触れる可能性がつねにあるわけで、内容を秘密にすることはできません。はがきは半ば公開されている信書なのです。

したがって、プライバシーに関わることなど公開をはばかる内容のもの、儀礼的な内容のものなどは封書にするのが礼儀です。他人の目に触れて相手に迷惑をかけるようなことがあってはなりません。それがトラブルの原因になり、友好関係がこわれることもありうるのですから注意してください。

要は心配りが大切ということです。他人に読まれてもさしつかえない内容であるのなら、はがきほど簡単な通信手段はないのですから、大いに活用することをおすすめします。

よいはがきの作成のポイント

はがきの目的は、相手に何かを伝えることにあります。よいはがきかどうかは、その伝えようとすることが文章として的確に表現されているかどうかで決まってきます。

その最大のポイントは、要点を明確にし、簡潔明瞭に書くことにあります。美文調の名文を書こうとする考えは捨ててください。親しみやすい、日常の会話調の表現で十分なのです。

もちろん、相手に対する礼儀は必要です。敬語を使うべき人には当然敬語を使わなければなりませんし、激情にかられた文章表現も避けるべきです。

文字は美しいにこしたことはありませんが、達筆である必要はありません。丁寧でさえあれば十分に礼をつくしていることになります。

その他、いくつかのポイントをあげておきましょう。

①誤字脱字に注意する

誤字や脱字は相手に不快感を与えるばかりか、自分の恥をさらすことにもなります。記憶の定かでない漢字を使う場合は、面倒でも必ず辞書で確認するようにすべきです。

②敬語の使い方に注意する

本書は国語辞典ではないので詳しい説明は省きますが、常識の範囲内で使えば、大きな間違いを犯したり相手に不快感を与えたりすることはないはずです（57頁参照）。

③金言・名句・ことわざ・格言などの引用は慎重に

はがき文には、金言や名句などを引用することが多いものです。しかし、それを誤用しては、せっかくの引用も台無しになってしまいます。

たとえば、ある祝賀会の招待状に「枯れ木も山のにぎわいですからぜひご出席ください」と添え書きしてあったそうです。これではあまりにも失礼。引用する場合は本当に自分のものになっているものだけにしてください。

④忌み言葉を使わない

悪い結果や不吉なこと、またその繰り返しを連想させる言葉は避けるべきです（詳しくは次章の各項目を参照）。若い人はともかく、年輩者のなかには気にする人もいるので注意してください。

⑤「ご連絡」「御礼」などの「ご」「御」という文字が行末にこないようにする

親しい人へのはがきの場合はそれほど気にすることはありませんが、改まったはがきなどでは、こうした配慮も必要です。

⑥相手側を示す語（あなた様、皆様、貴兄、先生など）が行末にきたり、二行に分かれたりするような書き方も避ける

先にもちょっと触れたように、こうした書き方をするのは失礼なこととされています。礼儀を重んじなければならない場合はとくに注意してください。

⑦自分側を示す語（私、小生など）が行頭にこないようにする

これも失礼とされます。友人の場合はともかく、目上の人に出すはがきなどでは心配りしたほうがいいでしょう。

⑧通信文の上下が逆さまにならないように

これも大変に失礼。もし上下を間違えて書いた場合は、面倒でも書き直すようにしましょう。

美しく読みやすいはがき

はがきの通信文を書くスペースには限りがあります。文字の大きさによっても量は違ってきますが、一行一七〜二〇字で七〜一〇行を目安にするとよいでしょう。文字数でいえば、一二〇〜二〇〇字です。この程度が最も美しく見え、なおかつ読みやすいとされています。

ただし、これは手書きの場合。印刷したり、ワープロを使ったりすると、この倍くらいの文字が入ります。

いずれにしても、それほどの文字量ではありません。あまり欲張りすぎると、最初の文字は大きいのに、最後のほうになると小さい文字になる、といった、見た目にも美しくないはがきになってしまいます。書きなれていない人は下書きをしてみるのがいいでしょう。

ただし、この文字量はあくまでも一応の目安です。もっと多くしたければ、表側の下二分の一の部分に通信文を書いてもかまいません。また、逆に書くことが少ない場合は、二行でも三行でもかまいません。

この場合、空きスペースが多くなりますが、イラストを描いたり、写真やシールを貼るという方法もあります。ちょっとした工夫で、味気ないはがきが美しく見えるようになるものなのです。

いずれにしても、文字の大きさをそろえ、各行がまっすぐになるようにすれば、見た目にも美しく、読みやすいはがきになります。各行をまっすぐにするには、定規を当てて書くとよいでしょう。

ワープロの活用

今や広範囲に普及したパソコンのワープロ機能。きわめて簡単にはがきを書けるうえに、書体や文字の大きさも自由に変えられます。また、年賀状、暑中見舞い状、誕生祝い状、クリスマスカードなどのフォーマット（基本の形）のほか、イラスト付きはがきのソフトを内蔵しているものもあります。

悪筆に悩んでいる人、筆不精の人にとっては、これほど強い味方はないといってもいいすぎではないでしょう。

年賀状などの季節の挨拶状、クラス会や各種会合の案内状、転居や転勤の通知状など、通常、印刷することが多いはがきには大いに利用したいものです。また、親しい人への私信に使っても、けっして失礼ではありません。

せっかくパソコンを購入したのなら、ワープロ機能を活用しない手はありません。死蔵していては、文字どおり〝宝の持ち腐れ〟。積極的に活用してどんどんはがきを書きましょう。

ただし、年輩者のなかには、味気ない、心がこもっていない、と拒否反応を起こす人がいないではありません。また、パソコンは一般家庭にも広く普及しているとはいえ、祝い状や依頼状、詫び状、見舞い状、激励状など、ある程度の儀礼を必要とするはがきは、やはり手書きにすべきだとの考え方も一部には根強く残っているようです。

今ではすでに、ほぼ完全な社会的認知を得られているようですが、そうした点も考慮に入れ、相手によって使い分ける配慮は必要でしょう。

敬語の使い方

はがきを出す相手に親疎の差があるとはいえ、はがき文には礼儀やマナーが欠かせません。したがって敬語の使い方に注意を払う必要があるのですが、はがき文を書くとき、最も難しく悩ましいのが敬語の使い方です。

しかも敬語には尊敬語、謙譲語、丁寧語の三種類があり、誤った使い方をしてはかえって失礼・無礼になったり、他人行儀になったり、相手に不快感を与えたりすることにもなりかねません。

以下、実例を交えながら、敬語の種類と使い方の基本を説明します。

尊敬語

はがきを出す相手、はがき文中に出てくる人物、あるいはその動作や物事に敬意を表します。

①尊敬の接頭語・接尾語……お□□・ご（御）□□・おん（御）□□・ご高□□・ご尊□□・ご芳□□・ご令□□・玉□□・貴□□・大□□・おみ□□／様・殿・上・君・方・先生・さん……など。

●**実例**　お二方・ご馳走・御社・ご高配・ご尊父・ご芳名・ご令息・玉稿・貴社・大兄・おみ足・山田様・町長殿・父上・妹君・皆様方・渡辺先生・坂本さん

②通常の動詞……お□□なる・お□□なさる・□□れる・□□られる・お□□くださる・□□してくださる・□□していらっしゃる・お（ご）□□あそばす……など。

●**実例**　お書きになる・お書きなさる・書かれる・書いておられる・お書きくださる・書いてく

ださる・書いていらっしゃる・お書きあそばす
③尊敬の動詞……いらっしゃる・おいでになる・おっしゃる・おでまし・おぼしめす・お召しになる・たまわる・なさる・なされる・召し上がる
④尊敬の名詞・代名詞……あなた・あのかた・奥様・旦那様

謙譲語

自分あるいは自分側の動作、自分あるいは自分側に関する事柄や物事・事象についてへりくだる表現です。

①謙譲語の接頭語・接尾語……拙□□・小□□・粗□□・弊□□・愚□□・薄□□・寸□□・卑□□・拝□□／□□ども・□□め……など。

●実例　拙宅・小生・粗品・弊社・愚息・薄謝・寸志・卑見・拝見／私ども・せがれめ

②通常の動詞……(お・ご)□□いたします・□□いただく・□□さしあげる・(お・ご)□□申し上げる・(お・ご)□□申し上げます・ご□□にいれる・ご□□に供する……など。

●実例　失礼いたします・書いていただく・持ってさしあげる・お届け申し上げる・お書き申し上げます・ご覧にいれる・ご覧に供する

③謙譲の動詞……いたす・いただく・うかがう・うけたまわる・さしあげる・存ずる・存じあげる・頂戴する・まいる・申す

丁寧語

相手に対する配慮や軽い敬意を表します。

①自分の呼称……わたし・わたくし・ぼく・それがし

②通常の動詞……□□します・□□です・□□ています・□□でございます・□□であります・□□なさい・□□てごらん……など。

実例　書きます・考えです・書いています・考えでございます・石田課長であります・書きなさい・書いてごらん

ほかに、尊敬と丁寧の両方に使うケースもあります。

お□□／ご□□／□□さん／その他

実例　お身体（尊敬）・お金（丁寧）／ご心配（尊敬）・ご苦労様（丁寧）／小池さん（尊敬・丁寧）／あなた・どなた・こちら・あちら・そちら（尊敬・丁寧）

次ページ以降に、はがき文で使われることが多い人物および事物・事象を表わす言葉および、動作を表わす言葉の、相手側と自分側の表現の具体的事例を列挙しておきますので、参考にしてください。

人物・事物・事象を表わす言葉

普通の表現	相手側の表現	自分側の表現
自分と相手	あなた・あなた様・貴兄・貴殿・先生	私・僕・小生・手前・当方・自分
祖父	おじい様・お祖父様・ご隠居様・祖父君	祖父・年寄り・隠居
祖母	おばあ様・お祖母様・ご隠居様・祖母君	祖母・年寄り・隠居
父	お父様・ご尊父様・お父上様・お父君	父・おやじ・父親・老父・拙父・愚父
母	お母様・ご尊母様・お母上様・お母君	母・おふくろ・母親・老母・拙母・愚母
両親	ご両親様・ご父母様・お父様お母様	父母・両親・老父母・二親・双親
夫	ご主人様・ご夫君様・旦那様・ご良人様	夫・主人・宅・亭主
妻	奥様・奥方様・ご令室様・令夫人様	妻・家内・女房・愚妻・老妻・細君
家族	ご家族様・ご一同様・ご一家様・皆様	一家・一同・家内一同・家中・私ども
息子	ご令息様・ご子息様・お坊ちゃま	息子・せがれ・子供・愚息
娘	お嬢様・ご令嬢様・お嬢ちゃん	娘・子供・愚娘・拙女

兄	兄君・兄上様・お兄様・ご賢兄様	兄・愚兄・家兄
姉	姉君・姉上様・お姉様・お賢姉様	姉・愚姉
弟	弟君・弟様・ご愛弟様・ご令弟様	弟・愚弟・小弟・拙弟
妹	妹君・妹様・妹御様・ご令妹様	妹・愚妹・小妹・拙妹
先生	先生・お師匠様・ご恩師様・ご旧師様	先生・師・師匠・恩師・旧師・尊師
友	お友だち・ご親友・ご学友・ご同窓	友・友人・友だち・親友・学友・同窓
住まい	お宅様・貴家・貴宅・貴邸・ご尊居	宅・小宅・拙宅・弊宅・茅屋・私方
会社	貴社・御社・貴会社	小社・弊社・当社
所	御地・貴地・御地方・貴辺・そちらさま	当地・当地方・当方面・当方・こちら
気持ち	お気持ち・ご厚志・ご芳情・ご厚情	私意・微意
意見	お考え・貴意・ご高見	管見・愚見・私意・私見
贈り物	賜り物・結構な品・佳品・頂き物	心ばかりの品・ささやかな品・粗品
手紙	お手紙・ご書状・ご書面・ご書簡	手紙・書面・書状・書中・寸書
返事	お返事・ご回答・ご返信・ご返答	返事・回答・返信・返答

動作を表わす言葉

普通の表現	相手側の表現	自分側の表現
会う	会われる・お会いになる	お目にかかる・お目もじする
与える	与えられる・お与えになる・賜る	差し上げる・捧げる・献じる・奉じる
言う	言われる・おっしゃる・仰せになる	申す・申し上げる・お耳に入れる
行く	行かれる・おいでになる・いらっしゃる	上がる・伺う・参る・参じる
居る	おられる・いられる・いらっしゃる	おる・おります
受ける	受けられる・お受けになる	拝受する
思う	思われる・お思いになる・思し召す	存ずる・存じ上げる
書く	書かれる・お書きになる・お記しになる	書く・したためる・記す
考える	考えられる・お考えになる	考える・愚考する
聞く	聞かれる・お聞きになる・お耳にする	お聞きする・承る・伺う・耳にする
着る	着られる・召す・召される	身につける・身にまとう・着用する

来る	来られる・いらっしゃる・おいでになる	参る・伺う・上がる
死ぬ	お亡くなりになる・お隠れになる	息を引き取る・生涯を閉じる・永眠する
知る	お知りになる・ご存じになる	存ずる・存じ上げる・承る
する	される・なさる・あそばす	いたす・させていただく
尋ねる	尋ねられる・お尋ねになる	伺う・お聞きする
訪ねる	訪ねられる・お訪ねになる	伺う・上がる・参る・参上する
食べる	お食べになる・上がる・召し上がる	いただく・頂戴する・口にする
飲む	飲まれる・お飲みになる・きこしめす	いただく・頂戴する・口にする
待つ	待たれる・お待ちになる	お待ちする・お待ち申し上げる
見せる	お見せになる・お見せくださる	お目にかける・ご覧にいれる
見る	見られる・ご覧になる・お目に触れる	拝見する・見せていただく
もらう	もらわれる・おもらいになる	いただく・賜る・頂戴する・拝受する
読む	読まれる・お読みになる	拝読する・拝見する
喜ぶ	喜ばれる・お喜びになる	お喜びする・お喜び申し上げる

投函前のチェック・ポイント

書き終わったはがきはすぐには投函せず、次の点に注意を払いつつ、必ず読み返しましょう。

①相手と自分の住所・氏名は正確か
②郵便番号は正確か
③誤字・脱字はないか
④用語・用句の誤用はないか
⑤用件が正確に伝わる文面か
⑥感情があらわになっていないか

とくに注意したいのは催促状や抗議状です。不満や怒りの感情がおさまってから、もう一度読み直してみるようにすべきです。できれば、ひと晩置いてから読み返し、冷静な判断をくだしてから投函するようにしましょう。

PART 2

目的別　はがき文の実例と常用類句集

季節の挨拶のはがき

季節の挨拶のはがきとしては、年賀状、寒中見舞い状、余寒見舞い状、暑中見舞い状、残暑見舞い状などがあります。

　これらの挨拶状は虚礼にすぎないという声もあるようですが、受け取って不愉快な思いをする人はいないはず。むしろ心温まり、嬉しく思うのではないでしょうか。たった一通のはがきが、素敵な人間関係を保つための潤滑油になるのですから、大いに活用したいものです。

◆ポイントと注意点

①年賀状は遅くとも三日までに着くように、十二月二十日ごろまでに投函する。

②年賀状には用件を書かない。ただし、子供の誕生、住所変更など一般的な通知文は併記してもかまわない。

③「一月元旦」とは書かない。元旦とは一月一日の朝の意味なので、「〇年元旦」でよい。

④自家が喪中のとき、また相手が喪中のときは、年賀状は出さない。

⑤喪中で年賀状を欠礼したとき、年賀状を出しそびれたときは寒中見舞い状に代える。

⑥寒中見舞い状は寒の入り（一月六日ごろ）から立春（二月四日ごろ）までの間に出す。立春以後は余寒見舞い状にする。

⑦暑中見舞い状は梅雨明けから立秋（八月八日ごろ）までの間に出す。立秋以後は残暑見舞い状にする。

⑧印刷する場合は、自筆で何かひと言書き添えるようにしたい。

⑨頭語、結語は必要ない。

①謹んで初春の
お慶びを申し上げます
②③旧年中は何かとお世話になり、ありがとうございました。本年も昨年同様、よろしくお願い申し上げますとともに、ご家族の皆様のご健康とご多幸をお祈り申し上げます。
平成○年　元旦

ワンポイントアドバイス

基本型
年賀状

①＝前文　頭語や結語は不要。「謹んで初春のお慶びを申し上げます」などの最初の挨拶は大きめの文字にするとよい。

②＝主文、③＝末文

「元旦」は1月1日の朝の意なのだから「一月元旦」と書くのは間違い。

出す年賀状が多い場合は印刷するのもやむをえないが、親しい人には自筆で一筆書き添えたい。

①暑中お見舞い申し上げます。
②厳しい暑さがつづいておりますが、いかがお過ごしでしょうか。ご無沙汰のお詫びかたがた、おうかがい申し上げます。おかげ様で、私どもは皆、元気で過ごしておりますのでご安心ください。
③酷暑の折柄、くれぐれもご自愛くださいますよう、お祈りいたしております。

基本型
暑中見舞い状

①＝前文　暑中見舞い状など季節の見舞い状も年賀状同様、頭語や結語は必要ない。

②＝主文

③＝末文

日付は表に書いてもよいし、通信文の最後に「平成○年盛夏」「20XX年仲夏」などと書き添えてもよい。

季節の見舞い状は、相手方が喪中であっても出してさしつかえない。

印刷する場合は、やはり自筆で一筆添えるようにしたい。

年賀状 例文

◆一般的な年賀状①◆

謹賀新年
旧年中はひとかたならぬご厚情を賜り、厚く御礼申し上げます。本年も相変わりませず、ご交誼のほど、お願い申し上げます。

◆一般的な年賀状②◆

謹んで新春の御祝詞を申し上げます
皆々様のご多幸とますますのご健勝を心よりお祈りいたしますとともに、本年も旧に倍するご支援のほどをお願い申し上げます。

◆一般的な年賀状③◆

明けましておめでとうございます
皆々様、お健やかに初春をお迎えのことと存じます。今年もよろしくお願い申し上げます。

◆恩師への年賀状◆

謹んで新年のご祝詞を申し上げます
ご無沙汰いたしておりますが、先生にはお変わりございませんでしょうか。私も今年で社会人五年目、充実した日々を過ごしております。
本年も一層のご指導をお願い申し上げます。

◆友人への年賀状①◆

新年おめでとうございます
お変わりありませんか。小生、今年の三月、ついにオヤジになりそうです。
貴兄にとって最高の年でありますように、変わらぬ友情に感謝しつつ新年の挨拶を送ります。

◆友人への年賀状②◆

あけましておめでとう
今年のお正月はオーストラリアでのんびりしてくる予定。帰ってきたら連絡します。

◆ビジネス兼用の年賀状◆

謹賀新年
毎々格別のお引き立てに預かり、ありがたく厚く御礼申し上げます。
本年も相変わりませずご愛顧のほど、切にお願い申し上げます。

年賀状の返礼①

初春のお慶びを申し上げます
新年早々、ご丁寧な賀状を頂きありがとうございました。
ご家族おそろいでお健やかにご越年された由、お祝い申し上げます。

年賀状の返礼②

新年明けましておめでとうございます
早々と年賀のご挨拶、恐縮に存じます。私方も無事越年しました。ご休心ください。

年賀状の常用類句

- 迎春 ●賀春 ●頌春 ●献春 ●恭賀新年
- 謹んで新春をお祝い申し上げます
- 謹んで新春を寿ぎご祝詞を申し上げます
- 幸多き迎年をお慶び申し上げます
- A HAPPY NEW YEAR
- 昨年中は大変お世話になりました
- 旧年中はひとかたならぬご高配に預かり、誠にありがとうございました
- 本年も相変わりませず、お付き合いのほど、よろしくお願い申し上げます
- 平素のご無沙汰をお詫びし、なお一層のご交誼のほどをお願いいたします
- 皆様おそろいで輝かしい新春を迎えられたことと存じます
- 皆々様のご多幸を心よりお祈り申し上げます
- 末筆ながら、ご一家の一層のご繁栄と皆様のご健勝をお祈りいたします
- はるかにご一同様のご多幸を祈念いたします

喪中の年賀状 例文

◆年賀欠礼の挨拶状①◆

喪中につき年末年始のご挨拶を欠礼させていただきます。

明年もよろしくお願い申し上げます。

◆年賀欠礼の挨拶状②◆

服喪中につき年末年始のご挨拶、ご遠慮申し上げます。

本年中のご芳情に厚く御礼を申し上げますとともに、明年も倍旧のご交誼を賜わりますようお願い申し上げます。

◆年賀欠礼の挨拶状③◆

今年九月に父○○が他界いたしました。新年のご挨拶を申し上げるべきところ、喪に服しておりますので、失礼させていただきます。

◆年賀欠礼の挨拶状④◆

喪中につき年末年始のご挨拶ご遠慮申し上げます。

本年中賜りましたご厚情を深謝申し上げ、明年も変わらぬご交誼をお願い申し上げます。

◆喪中の人への挨拶状①◆

貴家御服喪中のことと存じ、年賀のご挨拶をご遠慮させていただきます。

ご一同様には静かにご越年のこととお察し申し上げます。寒冷身にしむ折柄、一層のご自愛のほど、お祈り申し上げます。

◆喪中の人への挨拶状②◆

御服喪中のことゆえ、お年賀さしひかえさせていただきます。

向寒の折から、ご自愛専一に、ご健勝をお祈りいたします。

喪中に年賀状をもらったときの返礼

早々に賀状をいただき、まことにありがとうございました。
皆様にはよい新年を迎えられましたこととお慶び申し上げます。
私方、亡母○○の喪中につき、年賀のご挨拶をさしひかえさせていただきました。欠礼の儀、なにとぞご容赦くださいますようにお願い申し上げます
寒さ厳しき折から、ご家族ご一同様のご健勝をお祈り申し上げます。

◆喪中の人へ年賀状を出したときの詫び状◆

御喪中とは存じませず賀状を差し上げ、まことにご無礼申し上げました。
皆様にはさぞお寂しきご越年のこととお察しいたします。
向寒の折から、どうかお身体お大切になさってください。

喪中の年賀状の常用類句

- 喪中につきお年賀の礼をさしひかえさせていただきます
- 服喪中につきお年賀欠礼いたします
- 喪中につき年始の礼ご遠慮いたします
- 本年八月に父○○が病没いたしましたので、年末年始の御挨拶、ご遠慮申し上げます。
- 新年のご挨拶を申し上げるべきところ、亡母○○の喪に服しておりますのでご遠慮させていただきます
- 亡父○○（平成○年○月没）の喪中につき、年頭の賀詞はひかえさせていただきます
- 年頭のご祝詞を申し上げるべきでございますが、喪中につき、まことに勝手ながら欠礼させていただきます
- 御喪中のことと存じ、年頭の賀詞さしひかえさせていただきます（喪中の人へ）
- 御服喪中のことゆえ、お年賀ご遠慮申し上げます。（喪中の人へ）

寒中・余寒見舞い状　例文

◆一般的な寒中見舞い状①◆

寒中お見舞い申し上げます
例年にない厳しい寒さがつづいています。長らくご無沙汰しておりますが、いかがお過ごしでしょうか。私方一同、無事に暮らしておりますのでご安心ください。
厳寒の折柄、風邪などめされぬよう、お身体にはくれぐれもお気をつけください。

◆一般的な寒中見舞い状②◆

寒さのお見舞いを申し上げます
本格的な寒波の到来でひときわ肌寒く感じられる今日このごろ、皆々様にはお変わりございませんでしょうか。いかがおしのぎかと、ご案じ申し上げております。
ご自愛のほどお祈り申し上げ、まずは寒中おうかがいまで。

◆友人への寒中見舞い状◆

寒中お伺い申し上げます
早々に年賀状を頂戴しながら失礼した。元気で頑張っている由、なによりです。小生は相変わらず酒と仕事の日々。寒さに負けぬよう、熱燗を一杯、二杯……とあおり、身体の内側から温めています。
寒さはこれからがピーク、貴兄も健康には十分な留意を。

◆一般的な余寒見舞い状◆

余寒のお見舞いを申し上げます
立春とは名ばかりで、骨身にしみる寒い日がつづいておりますが、その後お変わりございませんか。お伺い申し上げます。私どもは元気に過ごしておりますのでご休心ください。
春の到来ももう間近、ご自愛のほどをお祈り申し上げます。
まずは、とりあえず余寒お見舞いまで。

◆友人への余寒見舞い状（女性）◆

残寒のお見舞いを申し上げます
暦の上ではもう春というのに、この寒さ。人一倍、寒がりのあなたは、猫のようにこたつで丸くなり、カウチ・ポテトを決め込んでいるのでしょうか。いけないですねェ。私のほうは相変わらず、週末ごとにスキー場通いをしています。たまには、ご一緒しませんか。
まずは余寒お見舞いまで。

寒中・余寒見舞い状の返礼

ご丁寧なお見舞い状、ありがたく拝読いたしました。ご親切なお心遣い、まことに恐縮に存じます。

皆様お健やかにお過ごしの由、なによりとお喜び申し上げます。当方も変わりなく打ち過ごしておりますので、ご安心ください。

時節柄、御身お大切になさいますようお祈り申し上げます。

寒中・余寒見舞い状の常用類句

- 酷寒のお見舞いを申し上げます
- 大寒の候とてご安否をお伺い申し上げます
- 寒に入ってからめっきり寒くなりました
- 今年はことのほか寒気が厳しいようですが
- 本格的な寒波が到来しました
- 朝夕の冷え込みがひときわ厳しくなりました
- 本年の寒さは格別ですが、ご機嫌いかがでございますか
- 暦の上ではもう春ですが、寒気いまだ衰えず
- 寒があけたとは申せ、寒さは一段と加わりますので、他事ながらご安心ください
- 私どもも風邪ひとつひかず元気に過ごしております
- 寒さ厳しい折柄、ご自愛専一に
- インフルエンザ流行のおそれもありますとか、どうかくれぐれも御身お大切に
- ご家内皆様のご健康をお祈り申し上げます
- 寒さに負けず頑張ってください
- くれぐれもお身体をお大切に

暑中・残暑見舞い状 例文

◆一般的な暑中見舞い状①◆

暑中お見舞い申し上げます。

うだるような猛暑がつづいております今日このごろ、皆様にはお変わりございませんでしょうか。私ども一同無事に送日いたしております。よそながら、ご安心ください。酷暑の折柄、ご自愛のほどをお祈り申し上げます。

◆一般的な暑中見舞い状②◆

暑中ご機嫌お伺い申し上げます。

平素はご無沙汰に打ち過ぎ、申し訳なく存じます。今年の暑さはことのほか厳しいようですが、皆様いかがお過ごしでしょうか。

お蔭様で当方もつつがなく消日いたしておりますので、ご休心ください。

暑さはこれからが本番、くれぐれもお身体お大切にとお祈り申し上げます。

◆友人への暑中見舞い状（女性）◆

暑中お伺い申し上げます。

お元気ですか？　日頃はついついご無沙汰ばかりでゴメンナサイ。夏が苦手な私はクーラーをつけっ放しの毎日。運動不足と〝ビールの飲み過ぎ〟でヘルスメーターに乗るのが恐怖！

オバタリアンの仲間入りだけはなんとしても阻止しなくては。お盆のころ、子供連れで一週間ほど里帰りしてリフレッシュするつもりです。

◆一般的な残暑見舞い状◆

残暑お見舞い申し上げます。

立秋とは申しながら、連日の猛暑、○○様にはいかがお過ごしでいらっしゃいますか。お伺い申し上げます。お蔭様で、私方一同、病気ひとつせず、子供たちも元気に海へ山へと出かけ、夏休みを満喫しているようでございます。

暑さも次第に和らいでくるでしょうが、なにとぞご自愛なさいますようお祈り申し上げます。

◆友人への残暑見舞い状◆

残暑お伺い申し上げます。

暦の上ではもう秋とはいえ、相変わらずの暑さがつづいていますが、お変わりありませんか。

私どもは先日、家族でみちのくを旅してきました。山にはすすきの穂もちらほらと見え、秋の気配が漂いはじめていました。

爽やかな涼風が吹くのももう間近。あと一息の辛抱です。どうかご自愛のほどを。

まずは残暑お見舞いまで。

暑中・残暑見舞い状の返礼

ご丁重なお見舞い状をいただき、ありがとうございました。皆様にはお変わりなきご様子、お喜び申し上げます。

まだまだ暑さ厳しい時節柄、ご家族の皆様のご健勝をお祈り申し上げます。くれぐれもご自愛ください。

まずはお礼かたがたご挨拶まで。

暑中・残暑見舞い状の常用類句

- 酷暑お見舞い申し上げます
- 酷暑の毎日ですが、お変わりございませんか
- 毎日しのぎがたい暑さですが、お障りなくお過ごしでしょうか
- 今年の暑さは格別でございますが、皆様にはご機嫌いかがでございましょうか
- 格別の猛暑がつづく今日このごろ、いかがおしのぎかとご案じいたしております
- 炎暑しのぎがたい昨今……
- 暦の上では秋ですが、相変わらずの暑さがつづいております
- 立秋とは名ばかりで、日中の暑さは真夏なみの昨今……
- 朝夕の気配は心なしか秋めいてまいりましたが、日中はまだしのぎがたい今日このごろ
- 猛暑にもめげずご活躍の由、お喜び申し上げます
- 汗をふきふき一筆暑中お見舞いまで

お祝いのはがき

出産、初節句、七五三、入学、卒業、就職、結婚、長寿、昇進、栄転、新築……など、人の一生にはさまざまな喜び事があります。そうした喜び事をともに祝い、今後も幸多かれと祈るのがお祝いのはがきです。

◆ポイントと注意点

①美辞麗句やお世辞、お追従は逆効果。真心をこめて、ともに喜び祝う気持ちを表わす。

②親しい間柄なら、形式にとらわれない、多少型破りのもののほうが効果的。時候の挨拶なども省略してさしつかえない。

③時期を失さず、タイミングよく出すこと。

④不吉なことを連想させる、次のような忌み言葉を使わないようにする。

◆出産の祝い状◆ 浅い／あわれ／薄い／落ちる／枯れる／消える／死ぬ／詰まる／流れる／亡びる／破れる／敗れる／逝く

◆賀寿の祝い状◆ 衰える／枯れる／朽ちる／苦しむ／死／しなびる／倒れる／病気／へこたれる／ぼける／まいる／病／弱まる

◆入学・栄転の祝い状◆ 失う／落ちる／終わる／流れる／破れる／敗れる／やめる

◆就職の祝い状◆ 衰える／消える／倒れる／散る／飛ばす／流す／破れる／敗れる

◆新・改築の祝い状◆ 赤／失う／傾く／紅／煙／壊れる／倒れる／つぶれる／飛ぶ／流れる／火／緋／燃える／焼ける

◆開店・開業の祝い状◆ 失う／落ちる／衰える／終わる／枯れる／壊れる／さびれる／倒れる／つぶれる／閉じる／亡びる／滅びる

ワンポイントアドバイス

基本型

出産祝い状

―― **前文は省略**　時候の挨拶、安否の挨拶などは省略してもよい。

―― **②＝主文**　親しい人に出す場合は、形式にこだわらず、喜び事をともに祝う気持ちを表現するほうが、相手も感激するもの。ただし、あまりに度を過ごした表現は禁物。最低限の節度は保つように。

忌み言葉を使わないように。年配の人に出すときはとくに注意したい。

―― **③＝末文**

②ご出産おめでとうございます。
日ごろのお望みどおりの男の子だそうで、ご一家の皆様のお喜びのお顔が目に浮かぶようでございます。
その後、お二方ともご健全とのこと、安心しております。③近日中に赤ちゃんを見せてもらいにお伺いしますが、とりあえず書中にてお祝い申し上げます。

①前略　②ご新居落成の由、心からお祝い申し上げます。
念願のマイホーム。ご家族のお喜びもひとしおと拝察いたします。これで貴兄も一国一城の主、仕事にも一段と精励できることと存じます。
③お祝いのしるしを別便にてお送りいたしましたので、ご笑納ください。
まずはお祝いまで。
草々

基本型

新築祝い状

―― **①＝前文省略**

―― **②＝主文**

―― **③＝末文**

祝い状は、いきなりお祝いの言葉から書き出したほうが効果的な場合が多い。

むろん、時候の挨拶などを述べてもかまわないが、あまり長くなってはかえって失礼。挨拶を述べるときは短めにするのがよい。その分、心をこめたお祝いの言葉を並べるほうが、相手にも喜ばれる。

出産祝い状 例文

◆一般的な出産祝い状◆

ご出産のお知らせ、只今拝受いたしました。心よりお祝い申し上げます。

ご希望どおりの女のお子様とのこと、ご両親様のお喜びもさぞかしでございましょう。ご対面できる日を楽しみにしております。

母子ともにご健全と伺い、まずはなによりと安堵いたしておりますが、天候不順の折柄、奥様のご養生、赤ちゃんのご健康にはくれぐれもご用心ください。

◆友人への出産祝い状（男性）◆

息子の誕生おめでとう。我々の仲間ではオヤジ一番乗りだな。かわいい赤ちゃんと愛妻を前にヤニさがっている君の笑顔が、まぶたに浮かんでくるようだ。ぼくも頑張らねば。

近々、祝杯をあげよう。

◆知人への出産祝い状◆

うけたまわりますれば、奥様には過日めでたく男児ご出産とのこと、心よりお祝い申し上げます。

初めてのお子様がご安産で、しかも男の子、ご主人様はじめ、皆々様のお喜びもひとしおでございましょう。本当におめでとうございます。

近々お祝いにうかがわせていただきますが、まずは書面にてご祝詞を申し上げます。

◆友人への出産祝い状（女性）◆

○○さん、ジャンボ級のすこやかな男の子をご出産なされたとのこと、おめでとうございます。今日か明日かと待ちわびておりましたところ、ご安産との朗報、ホッといたしました。

初めてママになったご感想はいかが？　ご主人様もご両親様もさぞかしお喜びでございましょうね。本当におめでとう。落ち着いたら写メール送ってね。楽しみに待ってます。

◆後輩への出産祝い状（女性）◆

待望のお子様のお誕生おめでとう。

初産ということで少し心配していましたが、母子ともにお変わりないとのこと、安心しました。本当によかったわね。

今は大きな喜びに包まれていると思いますが、子育てもなかなかに大変なもの。困ったことがあったら、いつでも相談してください。

赤ちゃんのすこやかな成長をお祈りします。

出産祝い状の返礼

拝復　陽春の候、ますますご健勝のこととお喜び申し上げます。

さて、このたびは妻の出産に際し、丁重なご祝詞とともに結構なお品をお送りいただき、誠にありがとうございました。おかげさまで、母子ともに健全に過ごしております。他事ながらご安心ください。

略儀ながら書中にて御礼申し上げます。　敬具

出産祝い状の常用類句

- 待望のお子様のお誕生おめでとう
- ご長子のご出産をお喜び申し上げます
- ご安産の由、心からお祝い申し上げます
- すこやかな男児ご誕生の由、心からお喜び申し上げます
- 嬉しいご出産のお知らせ、ただいま受け取りました
- 待つこと久しいご安産の朗報に接し、心浮き立つ思いでございます
- 初孫を得られたご両親様もさぞかしお喜びでございましょう
- 産後の経過も順調とのこと、なによりです
- 奥様に似て、さぞ美人の赤ちゃんでしょう
- 赤ちゃんのすこやかな成長をお祈りします
- 丈夫なお子様にお育てください
- 産後は養生が第一、お身体お大切になさってください
- まずはご出産のお祝いまで

初節句・七五三の祝い状 例文

◆一般的な初節句の祝い状◆

拝啓　春暖の候、皆様にはお変わりなくお過ごしのことと存じます。

　さて、ご長男の○○ちゃんにはこのたび初節句を迎えられる由、心からお祝い申し上げます。かわいい盛りで、ご両親様のお喜びもさぞかしでございましょう。

　お祝いのしるしまでに、心ばかりの品をお送りいたしました。ご笑納ください。

敬具

◆友人への初節句の祝い状（女性）◆

　ようやく春めいてまいりました。○○ちゃんの初節句ももうすぐですね。おめでとうございます。まだ写真でしかお目にかかっていませんが、また一段とかわいらしくなったでしょうね。お伺いできる日を楽しみにしています。

　とりあえず初節句のお祝いまで。

◆身内への七五三の祝い状◆

　ご無沙汰していますが、お変わりございませんでしょうか。
　○○ちゃんも今年はいよいよ三歳のお祝いですね。本当に月日のたつのは早いもの。しばらく見ていないけれど、随分大きくなったことでしょうね。直接お祝いに伺いたいのですが、遠隔地ゆえ、失礼して心ばかりの品をお送りしましたので、お受け取りください。

◆友人への七五三の祝い状（男性）◆

前略　早いもので○○ちゃんももう七歳、七五三のお祝いだね。すっかり女の子らしくなって、おしゃまぶりを発揮していることだろう。オヤジ殿の気分はいかがですか。
　○○ちゃんのすこやかな成長を祈り、盃に菊花浮かべてはるかに一献捧げます。おめでとう。
　末筆ながら、奥様にもよろしくお伝えください。

草々

初節句の祝い状の返礼

拝啓　すがすがしい新緑の候、皆様にはお変わりなくご健勝のことと存じます。

　さて、このたびの長男○○の初節句に際しましては、ご丁寧なご祝詞と結構なお品を頂戴いたし、心より御礼申し上げます。本来なら参上すべきところ、書中にてご挨拶申し上げます。

　末尾ながら、皆様のご多幸とご健康をお祈り申し上げます。

敬具

初節句・七五三の祝い状の常用類句

- ○○ちゃんの端午のお祝い、おめでとうございます
- ご長男にはめでたく初節句をお迎えになられるとのこと、お喜び申し上げます
- ご長男の初のぼりをお祝い申し上げます
- お嬢様には初節句のお祝いの由、心からお祝い申し上げます
- この三月には、長女の○○様が初節句をお迎えになられるはず、ご両親のお喜びはいかばかりかと拝察いたします
- お嬢様にはこのたび七五三のお祝いを迎えられる由、お喜び申し上げます
- ○○ちゃんの七五三のお祝い、心からお喜び申し上げます
- 日増しにかわいくなられ、ご家族の皆様もさぞご満足のことでございましょう
- 雛人形そのままに愛くるしくお育ちのことでございましょう

誕生日・成人の祝い状 例文

◆一般的な誕生日の祝い状◆

お誕生日、心からお祝い申し上げます。

ご家族の温かい祝福の中で、○歳を迎えた幸せと喜びを存分にかみしめていらっしゃることと拝察いたします。ますますのご健康とご多幸をお祈りして、心ばかりのお祝いの品をお送りいたしました。ご笑納いただければ幸いです。

末筆ながら、ご家族の皆様にもよろしくお伝えください。

◆友人への誕生日の祝い状（女性）◆

誕生日おめでとう。

一足早く○歳になった気分はいかが？　素敵な旦那様の愛情に包まれて、幸せ気分一杯の誕生日を迎えているのでしょうね。ああ、ウラヤマシイ！　その幸せがいつまでもつづきますように祈ってます。旦那様にもヨロシク。

◆母親への誕生日の祝い状◆

お母さん、○歳のお誕生日おめでとうございます（もうめでたくもないかな？）。

ご無沙汰ばかりで申し訳ありませんが、母さんの誕生日だけはしっかり覚えていますので、安心してください。

九月の連休に、一カ月遅れの誕生祝いに帰省しますが、とりあえずお祝いの品だけ別送しました。受け取ってください。

◆後輩への成人の祝い状（女性）◆

○○さん、成人おめでとうございます。
ご家族の皆様の祝福を受けて、楽しい成人の日を迎えたのでしょうね。それとも、未来のご主人と素敵なデートをなさったのかしら。

ともあれ、これであなたも立派なオトナ。これまで抱きつづけてきた夢を大きく花開かせてください。近いうちにお食事でもご一緒しましょう。まずは成人のお祝いまで。

◆甥への成人の祝い状◆

○○君、成人おめでとうございます。
腕白坊主だった君が、もう二十歳。時の流れの早さには驚くばかりです。ご両親もさぞかし喜んでいることでしょう。

これで君も一人前の社会人。酒、たばこ……と公認されることも多くなるが、反面、責任と義務も増してきます。研鑽を積み、社会人として恥ずかしくない〝男〟になってください。

そのうち、成人祝いをかねて一献傾けよう。

成人の祝い状の返礼

成人のお祝い、ありがとうございました。

心のこもったご祝詞とプレゼントをいただき、厚くお礼申し上げます。まだまだ至らぬところの多い未熟者ですが、皆様のご指導とご支援を得て、悔いのない、充実した人生を送りたいと覚悟を新たにしております。今後とも、よろしくお願い申し上げます。

誕生日・成人の祝い状の常用類句

- ○○君、誕生日おめでとう
- ○歳のお誕生日、心からお祝いいたします
- この世に生をうけた喜びの日をお祝い申し上げます
- ご成人おめでとうございます
- HAPPY BIRTHDAY
- 二十歳のお祝いを心よりお喜び申し上げます
- めでたく成人式を迎えられました由、心からお祝い申し上げます
- ○歳になったご感想はいかがですか
- さぞかし希望に満ちて成人の日を迎えたことと思います
- 前途は洋々、若さという特権を生かして人生を果敢に切り開いていってください
- 貴兄の○歳の誕生日を祝して、はるか○○の地より乾杯！
- 輝かしい未来に祝福あれと、心よりお祈り申し上げます

賀寿の祝い状 例文

◆一般的な賀寿の祝い状◆

拝啓　錦綾なす候、○○様にはますますご壮健にて古稀のお祝いをお迎えになられた由、心からお喜び申し上げます。

平均寿命が延びたとは申せ、文字通り古来稀なるご長寿はまことにおめでたいかぎりでございます。今後ともくれぐれもご自愛のうえ、末永くご長寿を重ねられますようお祈り申し上げて、ご祝詞とさせていただきます。

敬具

◆身内への賀寿の祝い状（女性）◆

伯母様、還暦おめでとうございます。

六十歳といっても、伯母様の若さと美しさはまだまだ輝くばかり。平均寿命も八十歳を超えた時代、これからもお身体にお気をつけ、いつまでも若々しく美しい伯母様でいてください。

まずは還暦のお祝いまで。

◆知人への賀寿の祝い状◆

○○様にはこのたび、喜寿のお祝いをお迎えとのこと、まことにおめでたく、心よりお慶び申し上げます。
これも、ひとえに日頃のご摂生の賜物と拝察し、敬服いたしております。今後ともご健康には十分ご留意なされ、ますます長寿を重ねられますようお祈り申し上げます。

まずは右、祝いまで。

◆父親への賀寿の祝い状◆

お父さん、喜寿おめでとうございます。

七十七歳――いつの間にか、そんな年になっていたのですね。でも、身体はいまだ頑健そのもの。いつまでも元気でいてください。

兄さんや妹とも相談して、全員が集まれそうな十月の連休に、盛大なお祝いのパーティーを予定していますので楽しみにしていてください。

まずは書面にてお祝いまで。

◆恩師への賀寿の祝い状◆

先生にはますますご壮健にて、このたび傘寿のお祝いをお迎えになられました由、まことにおめでたく、心から御祝詞を申し上げます。

いまだに壮者をしのぐご健康ぶりで、悠々自適の毎日を過ごされているとのこと、まことに嬉しく存じます。

教え子一同、いよいよの長寿万歳をお祈り申し上げております。

賀寿の祝い状の返礼

拝復　陽春の候、皆様にはますますご清祥のこととお喜び申し上げます。

さて、このたびは私の還暦にあたり、ご丁寧なご祝詞に加えて結構な品まで頂戴いたし、まことにありがたく、心から御礼申し上げます。

長寿の時代の六十歳、まだまだ現役でがんばるつもりですので、一層のご指導とご支援のほどお願い申し上げます。

敬具

賀寿の祝い状の常用類句

- お父様にはこの○月に還暦をお迎えになられ、心よりお祝い申し上げます
- 古稀のお祝いを申し上げます
- 古稀の寿を迎えられる由、まことにおめでたく、衷心よりお喜び申し上げます
- ご壮健にて七十七歳の喜寿を迎えられ、大慶の至りに存じます
- ○月○日は傘寿のお祝いの由、心よりお慶び申し上げます
- ご尊父様にはご機嫌うるわしく米寿のお祝いを迎えられます由、おめでとうございます
- 祖母君の卒寿のお祝いを申し上げます
- 今日のご長寿は平素のご摂生のたまものと拝察いたしております
- ご自愛専一に、いついつまでも長生きなさいますようお祈りいたしております
- ご養生なされ、さらにさらにご長寿をと心よりお祈り申し上げます

入園・入学の祝い状 例文

◆本人の親への入園祝い状◆

寒さも峠を越し、ようやく春めいてまいりましたが、皆様いかがお過ごしでしょうか。

この四月から○○ちゃんもいよいよ幼稚園に入園される由、ご両親のお喜びもひとしおかと存じます。本当におめでとうございます。

ささやかなお祝いを別送いたしましたので、どうぞお納めくださいますようお願い申し上げます。まずはご入園のお祝いまで。

◆本人の親への小学校入学祝い状◆

拝啓　ご長男にはこのたびめでたく小学校にご入学の由、心よりお祝い申し上げます。

ご苦労が実っての待望のご入学、ご両親様もどんなにかお喜びでございましょう。

入学式の晴天を念じつつ、まずは祝意のみにて失礼いたします。

敬具

◆孫への中学校入学祝い状◆

○○君、いよいよ中学生ですね。本当におめでとう。
入学式が楽しみでしょう。でも、中学生になると新しい教科も増えるし、これまでのようにのんびりとはしていられないかもね。頑張ってください。

お祝いのしるしに、ほしがっていた腕時計を送りましたので、受け取ってください。

◆姪への中学校入学祝い状◆

○○ちゃん、中学校入学おめでとう。
ランドセル姿に卒業すると、ちょっぴり大人になったような気がしませんか。嬉しいでしょうね。新しい希望に燃えて張り切っているあなたの姿が目に浮かぶようです。

お祝いの品を別便で送りました。気にいって使ってもらえると嬉しいのだけれど……。

楽しい中学生活を送ってください。

入学祝い状の返礼

拝復　春暖の候、皆様にはお変わりなくお過ごしでございましょうか。

さて、このたびは娘の小学校入学に際し、丁重なご祝詞をいただきましてありがとうございました。娘も大喜びでございます。本人に代わりまして厚くお礼申し上げます。

本来なら参上してお礼申し上げるべきところ、略儀にて失礼いたします。

敬具

入園・入学の祝い状の常用類句

- めでたく○○幼稚園にご入園の由、心からお祝い申し上げます
- ○○ちゃんのご入園おめでとうございます
- ○○様のご入学をお祝い申し上げます
- 来る四月にはお嬢様がいよいよ小学校にご入学とのこと、心からお喜び申し上げます
- ご長男の小学校ご入学おめでとうございます
- ついこの間までご両親に甘えていらっしゃった○○ちゃんが、この四月には小学校にご入学とか……
- ご両親様のご満悦もいかばかりかと存じます
- お子様のすこやかなご成長をお祈りします
- ○○君、いよいよ中学一年生ですね、おめでとう。心からお祝いの言葉を送ります
- 希望に満ちた明るく楽しい学校生活を送ってください
- 三年間の中学校生活でたくさんの楽しい思い出をつくってください

合格の祝い状 例文

◆本人の親への高校合格の祝い状◆

うけたまわりますれば、ご令息様にはこのたびめでたく○○高校の入学試験に合格なさいました由、心からお喜び申し上げます。

難関中の難関を突破しての見事な栄冠、ご両親様もさぞかしお喜びのことと存じます。

ご令息様の一層のご健闘をお祈りいたします。

別便にて心ばかりのお祝いの品をお送り申し上げましたので、どうぞお納めください。

◆姪への高校合格の祝い状（女性）◆

○○さん、△△高校への合格おめでとう。第一志望だったんですってね。本当によかった。おばさんもわが子のことのように喜んでいます。
高校生活の三年間、長いようでいて、過ぎ去ってみれば短いもの。二度とない青春時代を悔いのないように過ごしてください。

◆孫への高校合格の祝い状◆

○○君、高校合格おめでとうございます。
希望通りの高校へ入学できて、本当によかったわね。こちらの家でも皆喜んでいます。

お父さんとお母さんはちょっぴり心配していたけれど、さすがは○○君。これまでの努力を忘れず、高校でもスポーツに勉強に大いに頑張ってください。春休みにはぜひ遊びにいらっしゃい。楽しみに待っています。

◆本人の親への大学合格の祝い状◆

ご長男○○様には、このたび□□大学に合格された由、心よりお喜び申し上げます。

成績抜群とのお噂はかねがねうけたまわっておりましたが、ご精励の甲斐あってのご栄冠、ご両親様もさぞかしご満悦のことと拝察いたしております。

粗品ながら、お祝いの品を別送いたしました。ご笑納いただければ幸いでございます。

◆後輩への大学合格の祝い状◆

○○君、やったね。ストレートでの△△大学合格おめでとう。大きな拍手を送ります。あれもしたい、これもしたいと、新たな希望に燃えて張り切っている君の姿が目に浮かぶようだ。そう、大学時代は、やろうと思えばなんだってできる。お金はなくとも若さがある、時間がある、夢がある。前途洋々たるもんだ。
頑張れよ！

合格祝い状の返礼

前略　このたびは私の大学入学に際しましてご丁寧なお祝いをいただき、本当にありがとうございました。心からお礼を申し上げます。

ようやくひと安心しているところですが、これからの四年間を無為に過ごさないためにも気をゆるめてはならない、と決意を新たにしております。今後ともよろしくお願い申し上げます。

右、とりあえずお礼まで。

草々

合格の祝い状の常用類句

- ○○高校への合格おめでとうございます
- ○○大学合格をお祝い申し上げます
- 第一志望の○○大学に合格された由、心よりお喜び申し上げます
- めでたく○○大学へのご入学が決定されたとのこと、おめでとうございます
- 高い競争率を勝ち抜いての栄冠獲得に心から祝意を表します
- おめでたい合格の報に接し、まるでわがことのように喜んでいます
- 初志を貫徹しての難関突破に脱帽します
- 日頃のご勉学が実を結び……
- 日頃のたゆまぬ努力が報われて……
- 一層の努力を忘れず、有意義な学生生活を送ってください
- 合格におごることなく、ますます精励されるように祈っております
- 学生生活を存分にエンジョイしてください

卒業・就職の祝い状 例文

◆一般的な卒業・就職の祝い状◆

大学ご卒業おめでとうございます。

就職もご希望の会社に決定されている由、重ねてお祝い申し上げます。実社会への旅立ちを前に、喜びにひたりながらも、決意を新たにされていることと存じます。ご両親様もさぞかしご満足のことでございましょう。

一層のご多幸とご健闘をお祈り申し上げます。

まずはご卒業とご就職のお祝いまで。

◆後輩への卒業・就職の祝い状◆

○○君、卒業おめでとう。就職も早々に決定ずみだそうで、まずはめでたしめでたし。
バイタリティにあふれた君のことだから、社会人になっても、自ら信じた道を力強く歩んでいくものと期待している。頑張ってほしい。

近いうちに祝杯をあげよう。

◆本人の親への卒業・就職の祝い状◆

拝啓　今春、ご子息様には大学ご卒業に加え、めでたくご就職もお決まりとのこと、二重のお祝いを申し上げます。

ご本人はもとより、二十余年にわたり、ひたすらにご成長を念じ、ご卒業の日を待たれましたご両親様のお喜びもいかばかりかと、ご同慶の至りでございます。

まずは右、お祝いまで。

敬具

◆甥への卒業・就職の祝い状◆

○○君、卒業並びに就職決定おめでとう。
四月からは君もいよいよ社会人。望み通りの業界への就職ということで希望に燃えていることだろう。実社会には、学生時代とは異なる困難が待ち受けているだろうが、頑張り屋の君なら大丈夫。皆も応援しているから、失敗を恐れず果敢にアタックしてください。陰ながら奮闘を期待しています。

◆姪への卒業・就職の祝い状（女性）◆

○○さん、ご卒業とご就職おめでとう。あなたにとっても、ご両親にとっても、とりわけ喜びにあふれた春を迎えていることと思います。
就職先もご希望通りの会社とか、さぞかし優秀な成績で卒業されたのでしょうね。

今や、世は女性の時代。新しい職場でも持ち前の能力を発揮して、マドンナ旋風を吹かしてください。ご両親にもよろしくね。

卒業・就職の祝い状の返礼

前略　先日は私の卒業と就職に際し、お祝いをお送りいただきましてありがとうございました。

振り返れば無為に過ごした四年間、恥ずかしい思いがするばかりですが、これからは決意も新たに精一杯努力する覚悟ですので、これまで以上のご指導とご支援をお願い申し上げます。

時節柄、お身体お大切になさってください。

まずはお礼まで。

草々

卒業・就職の祝い状の常用類句

- いよいよ大学ご卒業とのこと、本当におめでとうございます
- 優秀な成績でご卒業とのこと、お喜び申し上げます
- 無事ご卒業とともにご就職の由、心からお祝い申し上げます
- かねてからご希望の○○関係の会社へのご就職が決定された由……
- 就職先も決まり、大きな喜びと感慨にひたっていることでしょう
- 人生のスタートラインに立ち、決意も新たにファイトを燃やしているのでしょうね
- 前途洋々の門出を迎え、希望に満ちあふれた毎日を過ごしていらっしゃることと思います
- 人生の門出を祝し、今後のご多幸とご健闘をお祈りいたします
- 貴兄の新たなる旅立ちに乾杯！
- ご活躍をお祈り申し上げます

昇進・栄転の祝い状 例文

◆一般的な昇進の祝い状◆

拝啓　春暖の候、ますますご健勝のことと存じあげます。

さて、このたびは○○部長に昇進なされた由、心よりお祝い申し上げます。日頃のご活躍が正当に評価されてのご昇進と拝察いたし、他人ごとならず喜ばしく存じております。今後とも健康にご留意なされ、縦横に才腕を発揮なさいますようお祈り申し上げます。

敬具

◆一般的な栄転の祝い状◆

拝啓　うけたまわりますれば、このたび東京本社へご栄転との由、心よりお喜び申し上げます。今後はさらに激務となりましょうが、多年のご経験を存分に生かされ、一層のご活躍をなされますようお祈り申し上げます。

まずはご栄転のお祝いまで。

敬具

◆友人への昇進祝い状◆

拝啓　ご無沙汰していますが、元気でやっていることと思います。

ところで、風の噂に聞くところによれば、この四月、課長に昇進したそうだな。おめでとう。われわれの学生時代の仲間では、トップを切っての課長昇進。まずはめでたしめでたし。

早速、祝杯をあげるべきところだが、遠隔地ゆえしばらくは猶予を。その代わりといってはなんだが、当地の銘酒を別送したので、じっくり味わってください。

敬具

◆友人への栄転祝い状◆

○○支店の課長に栄転とのこと、本当におめでとう。心から祝意を表します。

環境の変化は体調を崩しやすいもの。管理職となって心労も増すと思う。どうか身体だけは大切にして、君の実力を存分に発揮してほしいと願っている。そのうち一献傾けよう。

◆恩師への栄転祝い状◆

拝啓　すっかりご無沙汰いたしておりますが、いかがお過ごしでございますか。

さて、うけたまわりますれば、先生にはこのたび○○中学校の校長にご栄転なされた由、心よりお喜び申し上げます。教育熱心な先生のこと、一段と大きな成果が上がるものと存じます。

ますますのご活躍をお祈りするとともに、変わらぬご指導をお願い申し上げます。

敬具

昇進・栄転の祝い状の返礼

拝復　日頃はなにかとご高配をたまわりありがとうございます。

さて、このたびの転勤に際しましてはご丁寧なご祝詞をいただき、厚く御礼申し上げます。非才の身ではありますが、新しい任地でも全力を尽くす所存でございますので、今後とも倍旧のご指導とご鞭撻をたまわりますようお願い申し上げます。

敬具

昇進・栄転の祝い状の常用類句

- このたびのご昇進、まことにおめでとうございます
- かねてからの下馬評どおりのご栄転、心からお祝い申し上げます
- 日頃のご精励が認められてのご昇進と拝察いたします
- ○○様の日頃のご努力のたまものでしょう
- 長年のご活躍とご徳望の当然の帰結……
- 才腕を発揮するには格好の舞台と存じます
- ○○支社は御社の重要拠点、会社幹部の大きな期待の表われと拝察いたします
- ○○様に寄せる期待もまた大きいと存じます
- ご苦労もそれだけ多くなるとは思いますが、蓄積された実力が発揮できる場と存じます
- 一層のご活躍をお祈り申し上げます
- さらなるご健闘を期待しています
- 一層の敏腕をふるわれんことをお祈りします
- ますますご奮闘、真価をご発揮ください

新・改築の祝い状　例文

◆一般的な改築の祝い状◆

拝啓　秋冷の候、ご一家皆々様にはますますご繁栄の段、大慶に存じます。

　さて、このたびはかねてのご住居が改築完成された由、心よりお祝い申し上げます。写真を拝見するだけでも、どっしりとした新邸そのものの感がいたします。近々、ぜひとも拝見させていただきにうかがいたいと存じます。

　まずはお祝いのご挨拶まで。

敬具

◆友人への新築の祝い状◆

　待望のマイホームを新築された由、おめでとうございます。

　純和風とは、いかにも貴君らしい。奥さんもさぞお喜びのことだろう。そのうち拝見にうかがうつもりだが、とりあえずお祝いの品を別送した。部屋の片隅にでも置いてほしい。

◆一般的な新築の祝い状◆

拝啓　秋冷の候、ご尊家皆様方にはいよいよご清祥のことと存じます。

　さて、このたびはご念頭の立派なご邸宅が完成されました由、お慶び申し上げます。地価高騰の折柄ですのに、一戸建てのマイホーム。これも皆様のご努力の結晶と感服いたしております。本当におめでとうございます。

　まずはご新居落成のお祝いまで。

敬具

◆知人への新築の祝い状（女性）◆

　ご希望のご新居がいよいよご落成なさったとのこと、心よりお喜び申し上げます。

　緑豊かで閑静な地とか、お子様の養育にも理想的な環境で、うらやましいかぎりです。木の香も高いご新居はさぞかし心地よいことでしょうね。機能的なキッチンなど、ぜひ拝見させていただきたいと思っています。ご主人様にもよろしくお伝えください。

かしこ

◆マンション購入の祝い状◆

拝啓　新緑の候、皆様お揃いでますますご健勝のことと存じ上げます。

さて、このたびは素晴らしいマンションを購入されたとのこと、心よりお祝い申し上げます。ターミナル駅に近い交通至便の一等地、理想的な場所での新居はうらやましいかぎりです。

近々、お祝いかたがた拝見させていただきにうかがいたいと存じます。

敬具

新・改築の祝い状の返礼

拝復　このたびは新居完成に際しまして早々とお祝いを頂き、ありがとうございました。

新居とは申しましても、ようやく雨露をしのげる、兎小屋同然の手狭な住まいで、お恥ずかしいかぎりです。満足できるのは静かな環境程度ですが、折をみてお出かけください。お待ち申し上げております。

右、とりあえずお礼まで。

敬具

新・改築の祝い状の常用類句

- かねての増改築工事がご完了の由、おめでとうございます
- ご新居のご竣工をお祝い申し上げます
- ご自邸ご新築おめでとうございます
- かねてご新築中のお住まいのご完成をお祝い申し上げます
- かねてより計画中だったご新邸ご落成の由、心からお喜び申し上げます
- 木の香も新しいご新居ご竣工とのこと、まことにおめでたく存じます
- 緑に囲まれた空気もすがすがしい環境とか、お子様にとっても最適の地と存じます
- ご新居の住み心地はいかがですか
- 一国一城の主となった気分はいかがですか
- 木の香かおるすがすがしさを満喫されていらっしゃるのでしょうね
- 都内でのマイホームは絶望的といわれる時代のご新居完成、羨望いたしております

開店・開業の祝い状 例文

◆一般的な開業祝い状◆

拝啓　春暖の候、ますますご清栄の段、お喜び申し上げます。

さて、このたびいよいよ独立、開業される由、まことにおめでとうございます。かくも早くに宿願を果たされたのも、日頃のご努力のたまものと心から敬服いたしております。

一層のご奮闘とご隆盛をお祈りし、ご開業のお祝いを申し上げます。

敬具

◆一般的な開店祝い状◆

拝啓　陽春の候、ご健勝のことと存じます。

さて、このたび独立、新規開店されましたとのこと、心よりお慶び申し上げます。新規開店をお祝いするとともに、今後のご活躍を期待して、一層のご奮闘をお祈り申し上げます。

まずは書中にてお祝いまで。

敬具

◆知人への開店祝い状◆

拝啓　春風に乗せての嬉しいご通知、本日拝受いたしました。

サラリーマン生活に終止符を打たれ、ついに念願の喫茶店を開店された由、まことに喜ばしく、心からお祝い申し上げます。

脱サラはだれしもの夢ですが、それをやりとげられた勇気と信念の強さに敬服いたしております。本当におめでとうございます。

千客万来をお祈りいたします。

敬具

◆友人への開店祝い状◆

開店おめでとう。羨望の念を抱きつつ、最大の祝福の拍手を贈ります。

地の利に加えて、貴兄のアイデアの数々が生かされたお店とあっては、繁盛間違いなしでしょう。近いうちに友人打ち揃ってお祝いに駆けつけます。

重ねておめでとう。万歳、万歳、万歳！

◆知人への開店祝い状（女性）◆

かねがねご懸案のお店、いよいよご開店の由、心からお祝い申し上げます。

これであなたも立派な女性実業家ですね。毎日、家事と育児に追われている私には、まるで夢のようなお話です。本当におめでとう。

独立後はさまざまなご苦労がおありとは思いますが、どうか頑張ってください。ご繁盛をお祈りいたしております。

開店・開業の祝い状の返礼

拝復　時下ますますご清祥の段、お喜び申し上げます。

さて、過日は開店にあたり、ご丁寧なご祝詞をたまわりありがとうございました。何分微力ゆえ、不行き届きの点も多々あるとは存じますが、大いに精励するつもりでございますので、よろしくお引き立てのほどお願い申し上げます。

右、略儀ながらまずは御礼まで。　敬具

開店・開業の祝い状の常用類句

- ご開店をお祝い申し上げます
- ご開業おめでとうございます
- 近々めでたくご開店の由、慶賀に存じます
- うけたまわりますれば、このたび年来のご念願を果たされ、独立開業される由……
- かねてご計画中のお店がめでたくご開店の運びとなられた由……
- 一国一城の主となるまでのご苦労は並大抵ではなかったと存じます
- 地の利、人の和を得てのご開業、成功疑いなしと存じます
- 長年の豊かなご経験とご才覚を存分に発揮されますようお祈り申し上げます。
- ご健闘をお祈りします
- ますますのご活躍を期待しております
- 今後のご発展をお祈り申し上げます
- ご繁栄の長からんことをお祈り申し上げます
- 近日中にぜひ立ち寄らせていただきます

受賞・入選の祝い状 例文

◆一般的な受賞の祝い状◆

○○賞受賞おめでとうございます。はえあるご栄誉に心からのお喜びを申し上げます。

日頃のご精励が報われてのご受賞、さぞご満悦のことと存じます。奥様のお喜びもひとしおでございましょう。

今後ともご健康に留意され、一層のご成果を上げられますようお祈り申し上げます。

まずはご受賞のお祝いまで。

◆後輩への優勝の祝い状◆

○○大会での優勝おめでとう。まるで自分が優勝したかのような大きな喜びに包まれている。

日頃の君の努力ぶりを知っているだけに、感無量。思わず「やった！」と叫んでしまった。栄冠におごらず、一層の奮励を期待している。

近いうちに祝杯をあげよう。

◆コンクール入賞の祝い状◆

このたび、○○コンクールにおいて見事入賞されましたことを新聞で拝見しました。まことにおめでたく、心よりお喜び申し上げます。

うかがいますれば、入賞はなかなか困難なコンクールとか、ご本人はもとより、ご家族の皆様のお喜びもいかばかりかと拝察いたします。

ますますのご健闘をお祈り申し上げ、まずはご入賞のお祝いまで。

◆友人への受賞の祝い状◆

○○賞の受賞おめでとう。今朝の新聞を見て驚き、かつ喜んでいるところだ。

いつかは、と期待していたが、とうとう貴兄の努力が花開いたわけだ。いずれにしても、今回の○○賞受賞は、貴兄一人の名誉にとどまらず、われわれ友人一同の大いなる喜びでもあります。心からの祝意を表します。

まずは取り急ぎお祝いまで。

◆友人への入選の祝い状（女性）◆

○○さん、○○展でのご入選おめでとう。
見事な大作、会場で拝見しました。絵心のない私ですが、魂が揺さぶられるような大きな感動を味わわせていただきました。主婦業のかたわら絵筆を握っていらっしゃるとは、とても思えない作品ですわね。本当に素晴らしかった。

これを機に、絵筆はますます冴えてくることでしょうね。ご期待しております。

受賞・入賞の祝い状の返礼

このたびは私の入賞に際し、早速ご祝詞をいただき、まことにありがとうございました。

作品が賞に値するというよりは、これまでの努力が認められた結果ではないかと思っています。入賞におごらず、皆様のご助力をいただきまして、これまで以上に創作活動に励むつもりでございますので、今後ともよろしくお願い申し上げます。まずは御礼まで。

受賞・入選の祝い状の常用類句

- ご入賞おめでとうございます
- ○○の入賞をお祝い申し上げます
- ○○での優勝をお喜び申し上げます
- ○○賞受賞のご栄誉をお喜び申し上げます
- 栄冠獲得に心より祝意を表します
- 日頃のたゆまぬ鍛練のたまものと拝察します
- ご努力が実を結び、栄冠を手にされたことは喜びにたえません
- 平素の地道な精進が報われてのご入選に、ひとしおの喜びを覚えております
- 多年のご研究がようやく世に認められたものと、心から嬉しく思います
- 実力を発揮することすら難しいとされる大舞台での見事な成果に大拍手を送ります
- ○○賞は新人の登竜門、さらなる飛躍を期待しております
- 入選に安心することなく、さらに精進されて大成されるようお祈り申し上げます

退院・全快の祝い状 例文

◆一般的な退院・全快の祝い状◆

拝啓　全快床上げの吉報に接し、衷心よりお喜び申し上げます。

長期間の闘病生活、さぞ大変だったことと存じます。ご看護に当たられた奥様にもあわせてお祝いを申し述べさせていただきます。

時節柄、十分なご静養のうえ、体力のご回復に努められますようお願い申し上げます。くれぐれもご自愛ください。

敬具

◆友人への退院の祝い状（女性）◆

○○さん、退院おめでとうございます。
思いのほか早い退院、わがことのように嬉しく存じます。ご家族の皆様のお喜びもひとしおでございましょう。ただ、病気は予後が大切、くれぐれもお大事になさいますように。

まずは退院のお喜びまで。

かしこ

◆叔母への退院の祝い状◆

叔母さん、ご退院おめでとうございます。

遠方でしかも仕事が忙しいため、お見舞いにもうかがえず心配しておりましたが、ようやく胸をなでおろしました。

でも、無理は禁物、しばらくは静養に専念されますようお願い申し上げます。この夏休みには帰省する予定ですので、久し振りにお元気なご様子を伺いにまいります。

◆知人への全快の祝い状◆

ご病気全快の由、まことにおめでとうございます。奥様はじめご家族の皆様もさぞご安堵なされたことでございましょう。

数時間を超える大手術と聞き及びましたのに、予想以上に早いご本復、これもひとえに慎重なご静養と、手厚いご看護のたまものと存じます。

近日中にお祝いかたがた、お元気なお姿を拝しにうかがいます。まずはお喜びまで。

退院・全快の祝い状の返礼

拝復　このたびは私の病気全快に際し、ご丁重なお祝い状をいただき、まことにありがとうございました。

お蔭様で、近いうちに社会復帰できそうです。療養中にたまわりました皆様の温かいお心遣いに心より感謝申し上げます。

今後とも変わらぬご支援をお願いいし、御礼の言葉に代えさせていただきます。　敬具

退院・全快の祝い状の常用類句

- めでたくご退院になられました由、心よりお喜び申し上げます
- ご平癒ご退院なされた由……
- ご家族のご心痛はいかばかりかと拝察いたしておりましたが、めでたくご退院の由……
- ご全快の朗報に接し、まずはなによりのこととお祝い申し上げます
- うけたまわりますれば、この○日にお床上げとか、本当におめでとうございます
- 治療よろしきを得てのご快癒、なによりと存じます
- ご家族の皆様の真心こもったご看護のたまものでございましょう
- ご一家の愛に支えられてのご全快、まことに喜ばしく存じます
- お元気なお姿に接する日を楽しみに……
- 病前同様のご活躍をお祈り申し上げます
- ご自愛専一に願います

案内・招待のはがき

案内・招待のはがきは、同窓会やクラス会、祝い事などの各種会合、あるいは催事へ人を招くためのものです。したがって、相手が気軽に、しかも喜んで出席できるような文面にすることが大切です。

といって、あまりにくだけすぎたものは感心しません。とくに目上の人に対しては疎略にならないように注意すべきです。いわば社交的な便りなのですから、要点を明確にし、なおかつ相手の気持ちを思いやった文面にします。

◆ポイントと注意点

①会合あるいは催事の目的（趣旨）、日時、場所（会場）を正確に記す。

②会費を徴収する場合は金額も明記する。

③場所がわかりにくい場合は、会場の電話番号を記すとともに、最寄りの降車駅からの道順を正確に記すか、会場までの簡単な地図を添えるようにする。

④出欠の返事を求める場合は、往復はがきを使用する。

⑤相手の都合を考えて早めに出す。出欠の返事を求める場合は一カ月前、そうでない場合でも遅くとも一週間前には相手に届くように出すのが礼儀。

⑥少人数の会合の場合は、出席予定者のメンバーを併記しておくのもよい。

⑦挨拶や余興をお願いする場合は、その旨を書き添えておく。

⑧出席を強要するような強制的文面にならないように注意する。

①陽春の候、皆様にはお元気でご活躍のことと存じます。
②○○高校を卒業してはや五年、久々にクラス会を催したいと思いますので
③左記のとおりご案内申し上げます。

日時　四月四日（日）午後四～六時
場所　母校正門前「○○飯店」
会費　五〇〇〇円

ワンポイントアドバイス

基本型
クラス会の案内状

①＝前文
②＝主文
③＝末文

会合の趣旨、日時、会場、会費を明記する。会場の電話番号もできれば記しておきたい。会場がわかりにくい場合は略図を付しておくとよい。

出欠の確認をとるためにも、往復はがきを使用するのが望ましい。

①拝啓　新緑の候、ますますご清祥のことと存じ上げます。
②さて、かねてより建築中のささやかな新居が完成いたしました。つきましては、来る5月10日（日曜）午後1時より、心ばかりの小宴を開きたいと存じますので、ご家族おそろいでぜひお出掛けくださいますようお願い申し上げます。
③敬具

基本型
新築祝いの招待状

①＝前文
②＝主文　祝い事への招待状は、やや儀礼的になりがち。それはやむをえないが、出席やお祝いを強要するような文面は感心しない。気軽に出席できるように、招待しているメンバーを併記しておくのもひとつの方法。

当方の祝い事を過大に喜ぶような表現も避けるようにしたい。

③＝末文

クラス会・同窓会の案内状　例文

◆クラス会の案内状◆

拝啓　酷暑の候、皆様にはお変わりなくお過ごしでございましょうか。

さて、今年も盆休みを利用した恒例のクラス会を左記の要領で開催することになりました。今回は〇〇先生もご出席くださいます。お忙しいとは存じますが、ぜひご参集ください。　敬具

記

日時　八月十五日午後五～七時

場所　栄町通り　割烹「祇園」☎………

会費　………円

※準備の都合上、八月五日までに出欠の連絡をお願いします。

幹事代表　山田太郎

◆同窓会の案内状◆

拝啓　春暖の候、貴下ますますご清栄の段、お喜び申し上げます。

さて、私どもが青春の三年間を過ごした懐かしの母校〇〇高校が、本年、創立五十周年を迎えることになりました。この輝かしい祝賀年を記念して、左記の通り同窓会を開催する運びになりましたので、ご案内申し上げます。万障お繰り合わせの上、ぜひご出席ください。　敬具

記

日時　四月二十九日（祭日）午後二～四時

場所　〇〇高校体育館

会費　………円（当日会場にて受付）

◆同期会の案内状◆

拝啓　皆様ますますご健勝のことと存じます。
さて、毎年恒例の同期会を左記の要領で開催することになりました。ご多忙中と存じますが、万障お繰り合わせのうえ、ぜひご参加くださいますようご案内申し上げます。
日時　四月五日午四時～
場所　レストラン「四季」☎…………
会費　…………円

クラス会の案内状への返事（女性）

クラス会のご案内ありがたく拝受いたしました。必ず出席します。

卒業してもう十年、本当に早いものですね。高校時代のことが懐かしく思い出されます。皆さん、昔の面影を残していらっしゃるのでしょうか。近況もうかがいたいし、思い出話にもふけりたいと楽しみにしています。末尾ながら、○○さん、幹事役ご苦労さま。

かしこ

クラス会・同窓会の案内状の常用類句

- 恒例になりました、○○高校○組、○年卒業のクラス会を別記の要領で開催します
- 久し振りのクラス会を兼ね、恩師○○先生を囲む会を左記のとおり企画しました
- ○○高校の同窓会を左記の要領で開催することになりました
- 久々に懐旧談に花を咲かせつつ、楽しいひと時を過ごしたいと思います
- 旧交を温め、親睦を深めたいと存じます
- 久し振りに集まり、その後の生活ぶりなどを語り合いたいと思います
- 久々に顔を合わせ、近況を報告し合ったり、思い出話にふけったりしたいと存じます
- 担任の○○先生もご出席の予定です
- ○○校長先生はじめ多数の先生方にもお越しいただくことになっております
- ○○先生を囲み、旧交を温めたいと思いますふるってご出席ください

新年会・忘年会の案内状 例文

◆新年会の案内状①◆

今年も例年通り、左記の要領で新年会を開くことになりました。お酒は十分に用意いたしますので、ふるってご参加ください。

日時　一月十二日（金）午後六〜八時
場所　中野駅北口「酒仙」（☎………）
会費　………円

◆新年会の案内状②◆

明けましておめでとうございます
新年のスタートを切るに当たり、景気づけの意味もこめて、来る一月十日（土）午後七時より、飲み食い処「沖の瀬」（☎………）にて恒例の新年会を開催します。時間無制限の無礼講、会費は飲食量の多寡にかかわらず均等割り。
年末から正月にかけて飲み疲れているとは思いますが、ぜひご参集ください。

◆忘年会の案内状①◆

恒例の忘年会を左記により開催しますので、ご案内申し上げます。なにかとご多忙のこととは存じますが、ぜひ一献お付き合いくださいますようお願い申し上げます。

記

日時　十二月二十二日（金）午後七時より
会場　六本木「青い城」（☎………）
会費　………円

◆忘年会の案内状②◆

拝啓　今年も残り少なくなりました。つきましては、来る十二月二十日（金）午後六時半より、われわれ行きつけの割烹「帯」（☎………）で恒例の忘年会を開催したいと存じます。
年の瀬でお忙しい毎日とは思いますが、この一年の憂きことを忘れ、気分一新、新年を迎えるために、一夜、存分に飲みましょう。万障お繰り合わせのうえ、ぜひご参加を。
敬具

◆忘年会の案内状（ビジネス用）◆

謹啓
今年もあますところ一カ月弱となりましたが、皆様にはますますご清栄のこととお慶び申し上げますとともに、日頃のご交誼に厚く御礼申し上げます。
さて、当社では恒例の忘年会を左記の通り催したく存じます。時節柄、ご多忙中とは存じますが、大いに飲み、かつ語り合って、行く年を送りたく、ぜひともご出席いただけますようご案内申し上げます。
敬具

記

日時　十二月二十二日（金）午後六～八時
場所　新宿「桃林」
（☎…………地図をご参照ください）
会費　…………円（当日受付）
※なお、勝手ながら会場準備の都合上、十五日までにご出席の有無をご一報をいただければ幸いです。

新年会・忘年会の案内状の常用類句

- 輝かしい新年を迎え……
- 初春を寿ぎ、皆様と楽しい一夕をともにいたしたく存じます
- 日頃お世話になっております皆様方をお招きし、新年祝賀の会を催したく存じます
- 今年も例年通り新年会を開催すべく準備を進めております
- 改暦を祝って恒例の新年会を開きたいと存じますので、ご案内申し上げます
- 新春の初顔合わせを兼ねて、新年会を催したいと思います
- 今年もいよいよ押し迫ってまいりました
- 年の瀬もいよいよ押しつまり……
- 今年も忘年会のシーズンが到来しました
- 一年を振り返る一夕を持ちたいと存じます
- 忙中閑ありの心境で、たまには雑事を忘れて大いに打ち興じましょう
- ぜひご出席いただきとう存じます

歓迎会・送別会の案内状　例文

◆歓迎会の案内状①◆

拝啓　桜花の候、皆様にはお変わりなくお過ごしのことと存じます。

さて、このたび○○さんが二年間のフランス留学を終えて帰国されました。つきましては、無事帰国を祝い、左記のごとく歓迎会を催したく、ご案内申し上げます。ぜひご出席ください。

なお、準備の都合がありますので、三日までにご出席の有無をお知らせください。　敬具

記

日時　四月十日(土)午後六時より

場所　「レストラン○○」(☎…………)

会費　……円(当日持参)

◆歓迎会の案内状②◆

拝啓　秋冷の候、皆様お変わりなくご活躍のことと存じます。

さて、学生時代の同期生○○君夫妻が今秋、久し振りに上京されます。ついては、来る九月二十二日(土)午後六時半より、学生時代に行きつけだった「鳥やす」(☎…………)で歓迎会を開きたいと思いますので、ふるってご参集いただきたく、ご案内申し上げます。

出席の有無は、できるだけ早めに幹事の□□(☎…………)までご一報ください。　敬具

◆送別会の案内状①◆

前略　我らがポン友○○君が、このたびの人事異動で九州へ転勤することになりました。当分、会えなくなりそうなので、送別の宴を開き、同君を囲んで久方ぶりに一献酌み交わしたいと思います。

来る四月四日(金曜)午後六時半より、新宿「○○飯店」(☎…………)までご参集ください。

会費は割り勘とさせて頂きます。

なお、勝手ながら出欠の有無を□□(☎……)まで電話連絡願います。　草々

◆送別会の案内状②◆

このたび○○さんが家業を継ぐため、故郷の高知へ帰ることになりました。ついては、左記要領で送別の宴を張り一夕歓談いたしたく、ぜひご出席くださいますようご案内申し上げます。

日時　十一月五日(土)午後七時より
会場　新宿「高砂飯店」(☎……………)
会費　…………円

◆壮行会の案内状◆

拝呈　皆様にはご清祥のことと存じます。

さて、このたび○○君がニューヨーク支店長に抜擢され、来る十一月一日にご出発されることになりました。そこで、友人一同相集い、盛大に壮行の宴を催し、同君を激励したいと思いますふるってご参加ください。

敬具

日時　十月二十六日(金)午後七〜九時
場所　赤坂「○○亭」(☎……………)
会費　…………円

歓迎会・送別会の案内状の常用類句

- このたび、イギリスに留学中だった○○さんが帰国されました
- 北海道支社におられた○○さんが栄転、東京本社に戻ってきました
- このたび○○さんが二年間の予定でアメリカへ留学されることになりました
- ○○君がこのたびの人事異動により、大阪支社へ転勤・赴任されることが決まりました
- 知友相集い、秋の夜長を飲み明かすべく歓迎の宴を計画いたしました
- 同君の海外での苦労話、失敗談などを肴に一献傾けようと、歓迎の宴を計画しました
- 土産話などを聞かせてもらいつつ、無事帰国を祝う会を催したいと存じます
- 惜別の意をこめ、送別の宴を催したく……
- 歓迎の宴を張り、一夕懇談いたしたく……
- ○○君の前途を祝して壮行会を開きたく……
- 多数のご出席をお願いします

各種パーティーの案内状 例文

◆ホーム・パーティーの案内状（女性）◆

菊の香かおる今日この頃、いかがお過ごしでしょうか。

さて突然ですが、日頃から料理自慢をしております主人が、親しくお付き合いいただいている皆様方にその腕を披露したいと申しております。お味のほうは保証のかぎりではありませんが、相当に張り切っておりますので、〝男の料理〟とやらを味見していただけませんでしょうか。

来る十月十日午後五時頃、おそろいでお越しくださいますようご案内申し上げます。

◆出版記念パーティーの案内状◆

拝啓　陽春の候、皆様にはますますご健勝のこととお喜び申し上げます。

さて、このたび○○さんが詩集『○○』を処女出版されました。つきましては、知友相集い、出版を祝うとともに、一層のご活躍を願って記念パーティーを催したく存じます。お繰り合わせのうえ、ぜひご参加ください。

敬具

記

日時　四月十日（土）午後六～八時

場所　「銀河」（☎……………）

会費　…………円

◆クリスマス・パーティーの案内状◆

街中にクリスマス・ソングがにぎやかに流れる時期になりました。

今年も例年通り、左記の要領で盛大なクリスマス・パーティーを開催します。年の瀬を迎えてご多忙中とは存じますが、ふるってご参加ください。幹事一同心よりお待ち申しております。

記

日時　十二月二十四日午後六時半より

場所　○○ホテル二階　真珠の間

会費　…………円（当日受付）

※出欠のお返事は十五日までに願います。

◆ティー・パーティーの案内状（女性）◆

突然ですが、ささやかなティー・パーティーを計画いたしました。

日頃、親しくお付き合いをいただいている方々にお集まり願い、紅茶とクッキーをいただきながら、ちょっと優雅な雰囲気を味わってみようというわけです。もっとも、実際には井戸端会議になってしまうでしょうが……。

来る五月九日（金）午後二時頃、わが家までお運び願えれば幸いです。

◆カラオケ大会の案内状◆

歌好きの仲間が相集い、大いに歌いまくるべくカラオケ大会を企画しております。
日時　九月十四日午後七時より
場所　山田歌江宅（☎…………）
会費は無料（お酒、おつまみの持ち込み大歓迎）で、参加資格はなし。途中参加、途中退場も可。ふるってご参加ください。

各種パーティーの案内状の常用類句

- 一層の親睦を深めたく……
- 日頃のお付き合いをより緊密なものにいたしたく……
- 秋の夜長を楽しく過ごそうと……
- ○○のパーティーを開きたいと思います
- ○○パーティーを催したいと存じます
- 来る二十四日のクリスマスイブには、にぎやかにパーティーを開催します
- 大いに飲食し、かつ歓談しましょう
- 気のおけない方々ばかりをお招きいたしております
- 楽しいひと時を過ごしたいと存じます
- ちょっと変わった趣向も用意してございます
- お気軽にお出かけください
- おさしつかえなければ、ぜひともご参加くださいますようお願い申し上げます
- 万障お繰り合わせのうえ、ぜひご出席いただきとう存じます

各種催事の案内状 例文

◆絵画の個展の案内状◆

拝啓　盛秋の候、皆様にはますますご清祥のこととお喜び申し上げます。
　さて、このたびお勧めくださる方があり、初めての個展を開くことになりました。趣味の域を出ない素人絵ですが、おついでの際にでもお立ち寄りいただければ幸いです。　　敬具
　会場　銀座「○○画廊」
　期間　十月一～七日（午前十～午後六時）

◆展示会の案内状◆

前略　○○市文化祭の一環としての美術展が、来る十一月三～五日、市民会館ホールにて開催されます。私もささやかな作品を出展していますので、お近くへお出かけの際にでもご覧になってください。
　右ご案内申し上げます。　　草々

◆陶芸の個展の案内状◆

　十年来、趣味として陶芸をつづけてまいりましたが、このたび五十歳の誕生日を迎えるのを機に、恥をしのんで個展を開催することになりました。

　会場は市民文化会館の第一展示室で、十一月五～十日の午前十時から午後五時までです。

　人様にお見せできるようなものではございませんが、どうかお気軽にお越しください。

◆友人への音楽会の案内状◆

　○○さん、お元気ですか。
　ところで、□□音楽教室に通っているのですが、このたび同教室主催の音楽会が開催され、私もバイオリンを演奏することになっています。

　日時は十月三日（日）午後三～五時、会場は市民文化ホールです。日頃の練習の成果の一端をお聞き願えればと思っています。時間があればぜひお越しください。

◆子供の発表会の案内状（女性）◆

前略ごめんください。長女○○を△△音楽教室に通わせておりますが、同教室の主催で来る三月二十七日（日）、市民ホールにおいて発表会が開かれることになりました。ご多忙中とは存じますが、子供たちの励みとなりますので、ご都合よろしければ、お運びいただきたいとご案内申し上げる次第です。

かしこ

◆特別セールの案内状（ビジネス用）◆

拝啓　新緑の候、皆様にはますますご健勝のこととお喜び申し上げます。平素は格別のご愛顧を賜り、厚く御礼申し上げます。

さて、当店ではこのたびの新装開店を記念して、四月二十～三十日の期間、「全品三割引セール」を開催させていただきます。

なにとぞこの機会をお見逃しなく、お誘い合わせのうえ、ご来店くださいますようご案内申し上げます。

敬具

各種催事の案内状の常用類句

- ○○音楽大学卒業を機にピアノリサイタルを開くことになりました
- 練習発表会を行ないます
- ○○を開催する運びとなりました
- 日頃のご愛顧に感謝して特別セールを開催します
- 恒例の展示即売会を左記により開催します
- できるだけ大勢の方にご来場いただければと思い、ご案内申し上げる次第です
- 特別のご奉仕をさせていただきます
- 必ずやご満足いただけるものと存じます
- 厳選した品を多数取り揃えてございます
- お買い物のおついでにでもお立ち寄りいただければ幸いです
- ご高覧いただければ幸いです
- ご来場の栄を賜りますれば幸いです
- 皆様お誘い合わせのうえ、ご来店くださいますよう、よろしくお願い申し上げます

家庭の祝い事の招待状 例文

◆子供の誕生祝いの招待状（女性）◆

秋もたけなわの今日このごろ、お変わりなくお過ごしのことと存じます。

さて、来る十月五日は長男○○の三歳の誕生日です。つきましては、ささやかな誕生祝いの小宴を催したく、ご多忙中とは存じますが、午後四時ごろまでに小宅にお運びくださいませ。どうか○○の成長ぶりを見てやってください。

◆友人への誕生祝いの招待状◆

拝啓　元気でやっていることと思います。

さて、来る七月八日（土）は小生の四十回目の誕生日。はたして不惑となりますがどうか、は別として、日頃親しくしていただいている方々をお招きして小宴を催したく存じます。つきましては、当日午後六時頃までに、ご夫婦お揃いで拙宅にお越し願えれば幸いです。

敬具

◆快気祝いの招待状◆

陽春の候、いよいよご健勝のことと存じます。

入院中はご丁寧なお見舞いありがとうございました。お蔭様で無事退院いたしましたのでご休心ください。つきましては、病中のお礼かたがた心ばかりの宴を開きたく、来る四月四日午後五時までに拙宅にお越し願えますよう、ご案内申し上げます。

◆賀寿の招待状◆

拝啓　新緑の候、ますますご清栄のこととお喜び申し上げます。

さて、老父○○こと、来る五月二十日、八十歳の誕生日を迎えます。つきましては、同日午後七時より、日頃お世話になっている方々をお招きして、傘寿の小宴を催したく存じます。ご多用中まことに恐縮ではございますが、拙宅までご高来いただけますようお願い申し上げます。

右、ご案内かたがたお願いまで。

敬具

◆合格祝いの招待状◆

拝啓　陽春の候、お元気でお過ごしのことと存じます。

さて、すでにご存じと思いますが、長男○○が□□高校に合格いたしました。つきましては、身内の方々をお招きしてささやかなお祝いの宴を開きたく、ご案内申し上げる次第です。

ごく内輪の集まりですので、どうかお気軽にお運びください。お待ち申しております。　敬具

誕生祝いの招待状の返礼（女性）

前略　誕生日のご祝宴のご招待状ありがたく拝受いたしました。
○○さん、○歳のお誕生日、おめでとうございます。ひと足早くの○歳になられたご感想はいかがですか。お招きありがとうございます。お言葉に甘えておうかがいし、ゆっくり歓談させていただきたいと存じます。
まずはお礼かたがたお返事まで。　かしこ

家庭の祝い事の招待状の常用類句

- 来る○日は長女○○の初誕生日にあたります
- 来る○日は私の○歳の誕生日です
- 長い病院生活からやっと解放されました
- ご心配いただきましたが、過日無事退院いたしました
- 本年、父が古稀の祝いを迎えます
- 母○○、来る○月○日をもって七十七歳の喜寿を迎えます
- 心ばかりの誕生日会を催したいと存じます
- ささやかな内祝いをしたいと存じます
- 心ばかりの祝宴を催したいと存じます
- 全快祝いのしるしまでに小宴を催したく……
- 内輪でささやかなお祝いをいたしたく……
- 祝宴とは名ばかり、皆様に日頃のご交誼を謝し、あわせて老父の長寿を祈りたく……
- おいでをお待ち申しております
- 謹んでご招待申し上げます
- ご臨席賜われば幸甚に存じます

新築・開店祝いの招待状 例文

◆新築祝いの招待状◆

拝啓　秋冷の候、ますますご清栄のこととお喜び申し上げます。

　さて、待望久しき小宅がようやく完成の運びとなりました。つきましては、ご披露を兼ねて小宴を催したく、来る九月三十日（日）午後一時ころ、ご夫婦お揃いで小宅までお越しくださいますようお願い申し上げます。

敬具

◆新居祝いの招待状◆

拝啓　新緑の候、ご健勝のことと存じます。

　さて、このたび、表記住所にささやかなマンションを購入、過日転居をすませました。つきましては、記念の小宴を催したく、来る五月一日（日）午後二時頃までに、拙宅にお運びいただきたく、お願い申し上げます。どうか、お気軽にお越しください。

敬具

◆開店祝いの招待状◆

拝呈　桜花の節、ご多祥のことと存じ上げます。

　さて、このたび左記に「飲み処〇〇」を開店いたすことになりました。つきましては、ご懇意の方々をお招きして、来る四月五日午後六時より、開店披露の祝宴を催したいと存じます。ご多忙中とは存じますが、景気づけになにとぞご高来を賜りたくご案内申し上げます。

敬具

◆開業祝いの招待状◆

拝啓　紅葉の候、皆様にはますますご清栄の段、お慶び申し上げます。

　さて、このたびビューティサロン「〇〇」を開業する運びとなりました。つきましては、日頃とくにお世話になっている方々をお招きして、来る十月一日午後四時より、同所にてささやかな披露パーティーを催したく、ご案内申し上げます。万障お繰り合わせのうえ、ご来賀賜れば幸甚に存じます。

敬具

新築祝いの招待状の返礼

前略　ご招待状ありがたく拝受いたしました。

ご新居落成の由、まことにおめでとうございます。心よりお喜び申し上げます。さぞかし素晴らしいお住まいと拝察いたしております。

ご祝宴へのお招き、光栄に存じます。日頃のご交誼に甘えて、遠慮なく妻と二人で参上、貴兄の〝城〟をゆっくり拝見させていただきます。

当日を楽しみにしております。

草々

新築・開店祝いの招待状の常用類句

- かねてより建築中だった小宅がようやく完成いたしました
- お蔭様をもちまして、このほど私どもの新居がようやく落成いたしました
- 来る○月○日にレストラン「○○」を開店する運びとなりました
- 左記住所に「○○」を開店いたします
- ご披露かたがた心ばかりの祝宴を催したく存じます
- 新築祝いと名づけるのはお恥ずかしいのですが、ささやかな小宴を開きたく……
- 末永くご愛顧をたまわりたく、ご披露かたがた粗餐を差し上げたく……
- 皆様のご後援に感謝し、開店ご披露のご挨拶を申し上げたく……
- 日頃お世話になっている方々をお招きして、開店のご披露をさせていただきたく……
- おいでを心よりお待ち申しております

通知・挨拶のはがき

通知状も挨拶状も、早い時期に相手に何かを知らせなければならないときに出すもので、呼び方は違っていても、実質的には同じものです。

知らせる用件としては、出産、入学、合格、卒業、就職、転・退職、新・改築、転居、開店・開業……など、身近に起こった変化がおもなものになります。

返事を求めるものではないので、簡潔・明瞭に用件を知らせるようにします。ただし、あまりにも事務的な文面は感心しません。印刷する場合でも一筆書き添える配慮が必要です。

◆ポイントと注意点

①相手に誤解が生じることのないように、知らせようとする事柄（いつ、どこで、だれが、なにを、なぜ、どうしたか）を正確かつ簡潔に表現する。要点がぼけないように。

②出産通知では、日時、男女の別、母子の状態などを書き忘れないように。

③合格、就職などの通知では、たとえ一流校や一流会社の難関突破であっても、自慢げな文章はひかえるべき。とくに子に代わって親が書く場合は要注意。

④病気や怪我の通知では、相手に必要以上の心配をかけないように、ひかえ目な表現に。

⑤転居通知では、スペースがあれば、簡単でもよいから地図を付すのが親切。

⑥転・退職の挨拶では、それがたとえ不本意なものであっても愚痴めいた表現は禁物。

⑦緊急の場合は、前文を省いてもさしつかえない。

① 前略 ② ご案じいただきましたが、七日午前七時十二分、無事に男児を出産いたしました。体重は三三〇〇グラムです。幸い母子ともに健全でございますのでご安心ください。
③ 双方の両親とも大喜びで、○○様にくれぐれもよろしくと申しております。
取り急ぎお知らせまで。
草々

ワンポイントアドバイス

基本型
出産の通知書

①＝前文省略　緊急の場合は前文を省略してもかまわない。

②＝主文　通知状や挨拶状では、伝えたい用件を簡潔・明瞭に書き記すことが肝心。たとえば出産通知状では、出産の日時、男女の別、母子の状態、合格挨拶状では合格した学校名、就職挨拶状では就職決定先を明記する。

ただし、自慢げな表現は禁物。

③＝末文

① 拝啓　陽春の候、ご健勝のこととお慶び申し上げます。
② このたび福岡支店勤務を命ぜられ、過日着任いたしました。東京本社在勤中は格別のご厚情を賜り厚く御礼申し上げます。微力ながら当地でも精励いたす所存でございますので、③ 一層のご指導とご鞭撻を賜りますようお願い申し上げます。
敬具

基本型
転勤の挨拶状

①＝前文

②＝主文　転勤や転職・退職の挨拶状は、親しい人に対しては多少型破りなものでもかまわないが、ビジネス兼用の場合は儀礼的な文面にしたほうが無難。

③＝末文

この種の挨拶状は印刷するケースがほとんどであり、それでさしつかえない。ただ、その場合でも、とくにお世話になった人や親しい人には、一筆書き添えるようにしたい。

妊娠・出産の通知状 例文

◆両親への妊娠の通知状◆

秋の気配が漂う昨今、お変わりなくお過ごしでしょうか。

さて、突然ですが、喜んでください。ついにやりました。○○子が妊娠三カ月とのことです。今のところ、体調はすこぶる順調で、出産は来春三月末の予定です。

取り急ぎ嬉しいお知らせまで。

◆仲人への出産の通知状◆

急ぎお知らせいたします。かねてご心配いただいておりました妻○○が昨日午後八時八分、無事に女児を出産いたしました。体重は三千二百グラム。おかげさまで思いのほかの安産で、母子ともにいたって元気でございますので、よそごとながらご休心ください。

とりあえず安産のご通知まで。

◆両親への出産の通知状◆

前略　昨夜電話で連絡しましたように、○○子が七月二十六日午後十時二十五分、男の子を無事出産しました。体重は三千三百グラム。元気な泣き声をあげております。○○子もなんのさわりもありません。

親になった喜びをかみしめつつ、眠れぬままにペンをとりました。

あらためて右、お知らせまで。

草々

◆親戚への出産の通知状◆

前略　かねてよりお心遣いいただいておりましたが、昨十五日午前八時十三分、無事に女の子が誕生いたしました。

妻も子も順調で、赤ん坊の体重も標準以上、かつてない喜びを味わっています。こんな嬉しいご報告ができますのも、皆様のおかげと厚くお礼申し上げます。

まずは右、急ぎお知らせまで。

草々

◆友人への出産の通知状◆

その後元気でやっていますか。

さて、突然ですが、小生もとうとう親父になりました。八月八日、奇しくも小生の誕生日とまったく同じ日に、わが息子がこの世に飛び出しました。名前は思案中。父親となった実感はまだわいてきませんが、責任の重さをあらためて痛感しています。頑張らねば！

まずは取り急ぎお知らせまで。

◆友人への出産の通知状（女性）◆

ご無沙汰いたしておりますが、お変わりございませんでしょうか。

お知らせが遅れましたが、実は私、この九月に男の子の母親になりました。まるまるとふとった元気な赤ちゃんで、産後の肥立ちも順調、ようやく落ち着いてペンをとっています。
○○さんは子育ての先輩、ノウハウをご伝授いただきたいと思っています。よろしくね。

妊娠・出産の通知状の常用類句

- ハネムーンベビーが現実のものになったようです
- 念願がかなない子宝に恵まれたようです
- 妻○○が妊娠四カ月と診断されました
- 念願通り、昨日午後六時五分、長男が誕生しました
- とりあえず病院から電話でお知らせしたとおり、無事男の子誕生です
- あきらめかけていただけに、夢のような思いがしております
- 初産なので心配しておりましたが、思ったより軽いお産でした
- 案ずるより産むが易しの言葉通り、思いのほかの安産でした
- 妻も子も元気で、産後の肥立ちも順当のようでございます
- 妻ともどもわが子を得た喜びと幸せをしみじみと味わっております

入学・合格の通知（挨拶）状 例文

◆子供の小学校入学の挨拶状◆

拝啓　陽春の候、ますますご健勝のこととお喜び申し上げます。

さて、この四月、私どもの長女○○が無事小学校へ入学いたしました。これもひとえに、日頃ご交誼をいただいております皆様のおかげと、厚く御礼申し上げます。平素のご無沙汰をお詫びし、まずはご報告まで。

敬具

◆祖父母への中学校入学の挨拶状◆

おじいちゃん、おばあちゃん、お元気ですか。

ぼくはこの四月から中学校へ通うことになりました。入学式は四月七日です。いまからとっても楽しみにしています。

学生服ももう着てみました。ちょっぴり大人になった気分で最高です。入学式の写真をおくりますから、楽しみにしていてください。

◆叔父への高校合格の挨拶状◆

すっかり春めいてきましたが、叔父さんにはその後お変わりございませんか。

喜んでください。○○高校に合格です。これも、叔父さんが励ましの言葉をかけつづけてくださったおかげです。本当にありがとうございました。

今後ともご指導のほどお願い申し上げます。叔母さんにもよろしくお伝えください。

◆家庭教師への高校合格の挨拶状◆

梅の便りの聞かれる今日この頃、先生にはお変わりございませんでしょうか。

さて、家庭教師をお願いしました長女○○、第一志望の□□高校に無事合格いたしました。これも、親身になってご指導くださいました先生のおかげと、まことにありがたく、厚くお礼申し上げます。

まずはご報告かたがたお礼まで。

◆恩師への大学合格の挨拶状◆

前略　先生、○○大学文学部に合格しました。自信がなかっただけに、まるで夢を見ているようです。でも、自分の受験番号は間違いなく掲示されていました。これもすべて先生のご指導のおかげです。ありがとうございました。

入学手続きがすみ次第、帰郷しますので、あらためてお礼にうかがいます。

とりあえずご報告まで。　草々

◆友人への大学合格の通知状◆

ご無沙汰していますが、元気で学園生活を満喫していることと思います。

小生もようやく今春から君の仲間入りができそうです。初志貫徹、○○大学工学部への入学が決定しました。長い長いダークブルーの二年間でしたが、今は温かい陽光をあびながら解放感にひたっています。変わらぬ友情に感謝しつつ、まずはお知らせまで。

入学・合格の通知（挨拶）状の常用類句

- お蔭様で長男○○もこの春から小学校へあがります
- 長女○○、今春、中学校へ入学いたしました
- ○○高校に首尾よくパスしました
- ただ今入学の発表を見てきました。喜んでください、合格です
- いろいろとご心労をわずらわしておりましたが、運よく合格いたしました
- 本日○○大学の合格発表があり、どうにか合格しておりました
- 日頃ご指導いただいております長男○○、おかげさまで○○大学に合格いたしました
- 入学前からランドセルを背負い、通学の日を楽しみにしているようです
- 日頃のご指導に感謝申し上げます
- 本日、入学式を終え、あらためて喜びを実感しております
- 今後も変わらぬご指導をお願いします

卒業・就職の挨拶状 例文

◆一般的な卒業・就職の挨拶状◆

拝啓　春暖の候、皆様にはますますご清祥のこととお喜び申し上げます。

　さて、私ことこのたび○○大学経済学部を卒業、□□銀行に就職、四月一日より社会人としての第一歩を踏み出すことになりました。いたらぬ未熟者ではありますが、努力を怠らぬ覚悟でございますので、一層のご指導とご支援を賜りますようお願い申し上げます。

敬具

◆卒業の挨拶状◆

　桜花が舞う今日この頃、いかがお過ごしでしょうか。

　さて、今春○○大学文学部を無事卒業しました。引き続き同大学の大学院へ進み、研究を続ける予定です。今後ともよろしくお願い申し上げます。まずはご報告かたがたご挨拶まで。

◆祖父母への卒業・就職の挨拶状◆

　おじいちゃん、おばあちゃん、ご無沙汰していますが、お変わりありませんか。

　さて、この三月、晴れて卒業証書を手にすることができました。卒業後は県庁に勤務することが決まっています。これまでの東京住まいとは違って地元への就職なので、もっと頻繁に遊びに行けると思います。

　まずは卒業と就職のご報告まで。

◆恩師への卒業・就職の挨拶状◆

拝啓　春たけなわのこの頃、先生にはますますお元気にご活躍のことと拝察申し上げます。

　さて、このたび○○大学を無事卒業、□□商事へ入社することになりました。これも、高校卒業後も変わることなく先生にご指導いただいたお蔭でございます。最後の春休みに帰郷してお礼に参上いたしますが、とりあえずご報告かたがたご挨拶申し上げます。

敬具

◆伯母への卒業・就職の挨拶状（女性）◆

吹く風も心地よい季節、伯母様にはその後お変わりございませんでしょうか。

さて、今春○○大学を無事卒業することができました。就職先は地元の□□信用金庫です。もう少し東京生活を楽しみたかったのですが、両親の強い希望でそちらへ帰ることになりました。いろいろとご指導いただきたいと存じます。

とりあえず卒業と就職のご挨拶まで。　かしこ

卒業・就職の挨拶状の常用類句

- お蔭様で○○高校を無事卒業することができました
- 在学中はなにかとお心遣いいただきましたが、無事卒業証書を手にいたしました
- 四年間の学生生活に別れを告げて社会人としてのスタートを切ることになりました
- 卒業後は家業を継ぐ予定です
- これまでのご指導とお心遣いに厚くお礼申し上げます
- 在学中はひとかたならぬご教示をたまわり、まことにありがとうございました
- 社会人一年生、不安もありますが、臆することなくぶつかっていきたいと思います
- 非力ですが、精進を怠らず、若さをもって頑張りたいと考えています
- 未知の大海へ堂々と船出したいと思います
- 今後とも変わらぬご指導とご鞭撻のほど、よろしくお願い申し上げます

転職・退職の挨拶状 例文

◆転職の挨拶状（ビジネス兼用）◆

拝啓　陽春の候、皆々様にはいよいよご清栄の段、大慶に存じ上げます。
　さて、私儀、三月三十一日をもって株式会社○○を円満に退社いたし、株式会社□□へ移ることになりました。
　○○在社中は公私にわたり、ひとかたならぬご厚情を賜り、厚く御礼申し上げます。今後ともこれまで同様のご指導とご鞭撻を賜りますようお願いいたします。
　右、略儀ながら書中をもってご挨拶申し上げます。

敬具

◆定年退職の挨拶状（ビジネス兼用）◆

謹啓　春暖の候、皆様にはますますご清祥のこととお喜び申し上げます。

　さて、私こと、三月三十一日付をもって、三十三年にわたって勤めてまいりました○○株式会社を定年退職いたしました。在職中は公私ともに格別のご高配を賜り、お蔭様で大過なく定年を迎えることができました。厚く御礼申し上げます。

　半年ほど休養の後、第二の人生のスタートを切るつもりです。今後とも相変わりませず、末永くご指導、ご鞭撻くださいますようお願い申し上げます。

敬具

◆途中退社の挨拶状（ビジネス兼用）◆

拝啓　秋冷の候、ますますご健勝のこととお慶び申し上げます。

　さて、私儀、このたび家業を継承するため、○○株式会社を円満退社いたしました。同社在勤中は公私にわたって格別のご芳情を賜り、まことに感謝にたえません。

　今後とも変わらぬご厚誼のほどをお願い申し上げて、退社のご挨拶まで申し上げます。

　末筆ながら、皆様のご健康とご繁栄を心よりお祈り申し上げます。

敬具

◆友人への転職の挨拶状◆

拝啓　すっかり秋めいてきましたが、その後お変わりありませんか。

さて、突然ですが、このたび○○証券を円満退社、九月一日付で□□商事に入社しました。

思うところあっての転職です。詳しいことはいずれ飲む機会にでも……。右に転ぶか左に転ぶか、ともかく新天地で精一杯頑張ってみるつもりです。そのうち一献。

敬具

◆友人への途中退社の挨拶状◆

拝啓　ご無沙汰していますが、元気出やっていることと思います。

ところで小生、過日○○㈱を退社した。これといって不満があったわけではないが、大きな機構の歯車のまま一生を終えるのがたまらなくなった、といったところだ。これからの目算は一応立ててはいるが、相談したいこともあるので、近々連絡します。

敬具

転職・退職の挨拶状の常用類句

- 九月三十日をもって○○を退職、□□に入社することに相なりました
- 一身上の都合により株式会社○○を退職いたすことになりました
- 三月末日をもって○○株式会社を定年退職いたしました
- 在社中はひとかたならぬご愛顧にあずかり厚く御礼申し上げます
- 大過なく職務をまっとうできましたのも、ひとえに皆様のご指導とご支援の賜物と……
- ○○株式会社での三十五年間、よき思い出として深く心に焼き付けられています
- 今後は○○で第二の人生を送る予定です
- 今後は系列会社の○○で微力を尽くす覚悟でございます
- 略儀ながら書面をもって退職のご挨拶を申し上げます
- 今後ともよろしくお願い申し上げます

転勤・転居の通知（挨拶）状 例文

一般的な転勤の挨拶状（ビジネス兼用）

拝啓　仲秋の候、皆様にはますますご健勝のこととお慶び申し上げます。

　さて私こと、このたび□□銀行○○支店勤務を命ぜられ、このほど着任いたしました。△△支店在勤中は公私にわたり、格別のご指導とご厚情を賜り、厚く御礼申し上げます。

　新任地におきましても、微力ながら全力を尽くす所存でございますので、何卒今後とも一層のご指導ご鞭撻を賜りますようよろしくお願い申し上げます。

　まずは略儀ながら書中をもちまして御礼かたがたご挨拶申し上げます。

敬具
平成○年九月
（勤務先住所・電話番号）

（氏　名）

（自宅住所・電話番号）

友人への転勤の挨拶状

拝啓　その後お変わりありませんか。

　小生、今春の人事異動で九州支社へ転勤することになりました。まだ子供も小さいので、家族揃って赴任するつもり。単身赴任の悲哀は味わわなくてすみそうです。それよりも心配なのは博多のネオン街。自重しなくてはと、今から肝に銘じています。

　福岡へ来たらぜひ連絡してください。　敬具

一般的な転居の挨拶状

拝啓　清秋の候、皆様にはますますご清栄のこととお喜び申し上げます。

　さて、このたび左記住所に転居いたしましたので、お知らせ申し上げます。お近くへお出かけの折はぜひお立ち寄りくださいますよう、お待ちいたしております。

　末筆ながら皆様のご健康をお祈り申し上げ、ご挨拶かたがたお知らせまで。

敬具

◆簡単な転居の通知状◆

新緑の候、ますますご健勝のことと存じます。

さて、このたび表記住所に引っ越しましたのでお知らせ申し上げます。

お気軽にお立ち寄りください。

◆友人への転居の通知状◆

秋晴れのすがすがしい日がつづいておりますが、お変わりございませんでしょうか。

引っ越しが〝趣味〟の私、流れ行く雲に誘われて、またまた引っ越しました。新住所は左記のとおりです。お手数ですが、住所録の訂正をお願い申し上げます。

〝引っ越し魔〟といえば、江戸時代の浮世絵師・葛飾北斎。彼は生涯に九十三回の引っ越しをしたとか。まだまだ及びもつきません。

ギネスブック入りを狙っているわけではありませんが、今後も頑張ります。次の引っ越し予定は……「?」です。

転勤・転居の通知（挨拶）状の常用類句

- このたび本社への転任を命ぜられ、去る○日に着任、早速業務に携わっております
- ○○支社営業部勤務を命ぜられ、過日着任いたしました
- 在任中のご芳情に心より感謝申し上げます
- 急な辞令のため、ご挨拶に参上する余裕もなく失礼いたしました
- 微力ながら職責をまっとうする所存でございます
- 子供の学校の問題もあり単身赴任です
- 家族を引き連れて任地に赴きます
- 転居のお知らせを申し上げます
- 主人の転勤に伴い、家族一同、左記に引っ越すことになりました
- アドレス帳の訂正をお願いします
- 通勤には不便ですが、環境は理想的です
- 勤務先にも近く、大変便利になりました
- 折がありましたらぜひ遊びに来てください

病気・事故の通知状 例文

◆病気の通知状◆

前略　昨日、父が突然吐血、○○病院に入院しました。医師によれば胃潰瘍らしいとのことですが、精密検査の必要があるといわれました。

大の酒好きに加え、年も年なので、悪性の病気でないことを願っております。検査の結果がわかり次第お知らせしますが、ご都合がつきましたら、一度見舞ってやっていただけませんでしょうか。

草々

◆友人への入院の通知状◆

冠省　先日草野球のゲーム中、左足を骨折、○○病院に入院中です。年齢も省みず、盗塁なんぞを試みたのが運のつき、全治二カ月と診断されました。それにしても退屈な毎日。見舞いを強要するつもりはありませんが、暇があれば、顔を見せてください。
草々

◆上司への病気の通知状◆

前略　昨日は体調を崩しての早退で、ご迷惑をおかけしました。医師の診察によれば急性胃炎とのことで、しばらく安静の必要があるそうです。多忙の折、まことに心苦しいのですが、少なくとも一週間程度の休暇をお願いしなければなりません。事情ご賢察のうえ、どうかご容赦くださいますようお願い申し上げます。
取り急ぎお詫びかたがたお願いまで。　草々

◆両親への入院の通知状（女性）◆

前略　昨夜電話でお知らせしましたが、主人の病気はやはり入院加療が必要とのことです。主人は大丈夫と強がっておりますが、万一手術ということにでもなりますと、お父さん、お母さんにもいろいろとご相談しなければなりません。今しばらくは様子を見たいと思いますが、よろしくお願い申し上げます。

取り急ぎお知らせとお願いまで。

かしこ

◆交通事故の通知状◆

急ぎお知らせします。去る四日午後三時頃、長男○○がオートバイに乗っていて車と接触事故を起こし、右足を骨折してしまいました。命に別状はないとのことでひと安心しておりますが、本人は少々落ち込んでいるようです。突然のことで申し訳ありませんが、折を見て一度励ましてやっていただけませんでしょうか。

とりあえずお知らせとお願いまで。

◆友人の入院の通知状◆

前略　突然ですが、○○君が過労のために倒れ、○○病院一一一号室に入院しています。

今日、お見舞いに行ってきました。大事はないそうで、元気そうな素振りを見せていましたが、かなり退屈している様子でした。

退院は今月末の予定だそうですので、友人として一度見舞っていただければと思います。

取り急ぎお知らせまで。　草々

病気・事故の通知状の常用類句

- 昨夕、祖父が脳溢血で倒れました
- 昨日、母が○○のため緊急入院しました
- 長女○○が急性盲腸炎になり、昨日手術を終えました
- 昨夜十時頃、○○が交通事故にあい、○○病院に入院しました
- 一カ月ほどで退院できるそうですので、ご安心ください
- 順調に快方に向かっております
- じきに全快すると思います
- 後遺症の心配もないとのことで、ほっとしております
- 手術も無事にすみ、あとは退院を待つばかりですので、ご安心ください
- 大した怪我ではありませんが、念のため入院して精密検査を受けることになりました
- 検査の結果が出次第、あらためてご報告いたします

退院・全快の挨拶状　例文

◆退院の挨拶状◆

拝啓　仲春の候、皆様にはますますご清祥のこととお喜び申し上げます

　さて、入院中はなにかとご心配をおかけしたうえ、ご丁寧なお見舞いまでいただき、厚く御礼申し上げます。お蔭様で昨日、無事退院いたしました。

　いずれあらためてお礼に参上したいと存じますが、とりあえず退院のご挨拶まで。

敬具

◆友人への退院の挨拶状◆

　お騒がせしました。やっと退院できました。入院中は度々のお見舞い、ありがとうございました。おかげで後遺症も皆無、なんの支障もなく、社会復帰できそうです。今回の事故を機に、車の運転には一層気を配りたいと自戒しております。まずは退院のお知らせまで。

◆上司への退院の挨拶状◆

前略　病気欠勤により、長らくご迷惑をおかけいたしましたが、お蔭様でこのほどようやく退院にこぎつけました。あと一週間ほど自宅静養すれば職場に復帰できそうですので、しばらくのご猶予をお願い申し上げます。

　病気中、多大のご迷惑をおかけしましたことをお詫び申し上げますとともに、度々のお見舞いに厚く御礼申し上げます。

　まずは右、御礼かたがたご報告まで。

草々

◆身内の退院の挨拶状◆

拝啓　春もたけなわの折柄、皆様にはお変わりなくお暮らしのことと存じます。

　さて、母○○の入院中はご丁寧なお見舞いをいただきまことにありがとうございました。おかげさまで、去る三日無事退院いたしました。

　他事ながらご休心ください。

　まずはご報告かたがた御礼まで。

敬具

◆全快の挨拶状◆

拝啓　朝夕ようやくしのぎやすい季節となりましたが、お変わりございませんでしょうか。

さて、入院中は再三のお見舞いをいただきましてありがとうございました。長らくご心配をおかけしましたが、このほど全快、去る八日より現場に復帰いたしました。健康のありがたさを実感している昨今です。

本来なら参上してお礼を申し上げるべきところ、書中でのご挨拶にて失礼いたします。　敬具

◆友人への全快の挨拶状◆

拝啓　すっかり春めいてきました。お変わりなくお過ごしでしょうか。
お待たせ、といった感じで、ようやく病魔を退治しました。一カ月の入院生活、本当に長くて退屈な時間はもう二度とこりごり。今後はこれにこりて不摂生をしないように自戒したいと反省しています。お見舞い多謝。　敬具

退院・全快の挨拶状の常用類句

- お蔭でようやく床払いができました
- 二カ月ぶりにやっと退院の運びとなりました
- ようやく退院の許可をいただき、自宅へ帰ってまいりました
- 本日、退院の許しが出ました
- お蔭様でようやく全快いたしました
- 九死に一生を得た思いです
- ようやく愁眉を開きました
- 体力回復のためしばらく静養、現場に復帰する予定です
- 予想以上に早く退院できましたのも、ひとえに皆様のお励ましの賜物と感謝申し上げます
- 入院中はいろいろとお励ましいただきましてありがとうございました
- 入院中の度々のお見舞い、なによりの慰めと励ましでございました
- なによりも健康第一と痛感いたしました
- 全快のお知らせを兼ねてお礼を申し上げます

開店・開業の挨拶状　例文

◆新規開店の挨拶状（ビジネス兼用）◆

拝啓　新緑の候、皆様にはますますご清栄の段、お慶び申し上げます。

さて、このたび、長年の夢であった和風スナック「絹」を左記住所に開店いたすことになりました。男性も女性も安心して飲んでいただける、家庭的な和風感覚のお店は、必ずやご満足いただけるものと存じます。

来る五月二十五日より営業を開始します。皆様のお越しを心からお待ち申し上げております。

敬具

中野区中野……………○○ビル2F
☎○三（……）……

◆新装開店の挨拶状（ビジネス兼用）◆

謹啓　桜花の候、皆様にはますますご清栄の段、お慶び申し上げます。

さて、全面改装のため臨時休業させていただいておりましたジャズ喫茶「ガロ」、来る四月五日、新装開店する運びとなりましたので、ご挨拶申し上げます。オーディオ機器も全面的に入れ替えましたので、にぎやかにお出かけくださいますよう、心よりお待ち申し上げております。

敬白

◆独立開業の挨拶状（ビジネス兼用）◆

謹啓　早春の候、皆様にはいよいよご健勝のことと大慶に存じ上げます。

さて、このたび株式会社○○の川合社長はじめ皆様のお勧めをいただき同社を円満退社、表記住所に店舗を構え、来る三月三日より営業を開始することになりました。新店舗名は「ワールド」、扱う品目は輸入雑貨です。私自身が現地に足を運んで輸入したものばかりですので、必ずやご満足いただけるものと自負いたしております。

今後のご愛顧をお願いかたがた、開業のご挨拶を申し上げます。

敬具

◆友人への独立開店の挨拶状（女性）◆

お元気でご活躍のことと思います。

ところで、このたび独立を果たし、駅前本通りに念願の美容院「ビューティサロン・ヒロ」を開店しました。同業店も多く、多少の不安はありますが、技術的には自信満々、精一杯頑張るつもりです。よろしくね。あなたのお友だちにも宣伝していただければ幸いです。

まずはお願いかたがたお知らせまで。

開店・開業の挨拶状の常用類句

- かねてから計画中だった○○がこの八日、開店の運びとなりました
- このたび株式会社○○を設立いたしました
- このたび○○を開業することになりました
- まことにいたらぬ身ではございますが、最善の努力を尽くしたいと念じております
- 誠心誠意お努めいたす所存でございます
- 開業早々で不行き届きの点も多々あるとは思いますが、万全のサービスを心がけたいと念じております
- ささやかな店ではございますが、精一杯のご奉仕をさせていただきたいと存じます
- お気楽にご用命ください
- にぎやかにお出かけくださいますようお願い申し上げます
- ご愛顧のほどお願い申し上げます
- なにとぞ格別のお引き立てを賜りますようお願い申し上げます

問い合わせのはがき

問い合わせのはがきは、知りたいこと、はっきりとわからないことを、相手に尋ねたり照会したりするものです。

当然、相手に手数をかけさせることになるのですから、そのことを念頭に置き、けっして失礼のないように、礼儀を尽くして、教えを請う気持ちで書くようにします。

また、返事を求めるのが前提なのですから、よほど親しい人でないかぎり、往復はがきを利用する配慮も忘れないでください。

◆ポイントと注意点

①何を知りたいのかが相手にすぐにわかるように、正確かつ要領よく書く。

②問い合わせる項目が多いときは箇条書きにするとよい。

③誤解を招かないためにも、問い合わせる理由を書き添える。

④相手の立場を無視した無理なこと、あるいは個人のプライバシーなど公開をはばかるようなことは聞かないようにする。

⑤あまり親しくない人や目上の人に対してのぶしつけな質問はひかえる。

⑥未知の人には簡単な自己紹介をする。

⑦返事を強要するような文面にならないように注意する。

⑧返事に期限を切る場合はその旨書き添える。ただし、目上の人に対しては失礼になることもあるので、ケース・バイ・ケースで判断するようにしたい。

⑨時候の挨拶などは省いてもさしつかえない。

①前略　②突然で恐縮ですが、○○さんの転居先をご存じでしたらお教えいただけませんでしょうか。
急ぎ連絡をとりたいのですが、転居先がわからず困っております。貴兄ならご存じであろうと、失礼を顧みずお問い合わせした次第です。③なにとぞよろしくお願い申し上げます。

草々

ワンポイントアドバイス

基本型
住所の問い合わせ状

①＝前文省略　問い合わせ状では、前文は省略してもかまわない。

②＝主文　教えを請うという気持ちを念頭に、何を知りたいのかを明確に記し、その理由も書き添えるようにする。
　プライバシーに関わることなど、ぶしつけな質問はひかえる。

③＝末文
　返事を求めるのが前提なのだから、往復はがきを利用するのが礼儀。

①迎春の準備にお忙しい毎日と存じます。
②さて、さる7日、お歳暮のしるしとして心ばかりの品をお送りいたしましたが、お手元に届きましたでしょうか。いつもはご丁寧なお便りをいただきますのに、いまだにお知らせがなく、途中で事故でもあったのではと、③ご照会申し上げる次第でございます。

基本型
着否の問い合わせ状

①＝前文　例文のように、より礼をつくさなければならない場合は、前文からはじめるほうが無難。

②＝主文　表現にも注意をはらい、失礼のないように。返事を強要するような文面は禁物。

③＝末文
　問い合わせ状では返事の期限を切ることもあるが、右のような事例ではひかえたほうがよい。

住所・場所の問い合わせ状 例文

◆住所の問い合わせ状◆

前略　突然ですが、○○さんの住所と電話番号をご存じでしたら、お教えいただけないでしょうか。ちょっとお尋ねしたいことができたのですが、住所録を紛失して困っております。あなたなら、もしやご存じではないかとペンをとった次第です。

お手数とは存じますが、折り返しお返事いただければ幸いでございます。

草々

◆友人への住所の問い合わせ状（女性）◆

お願いがあります。先日、あなたが話してらした、素敵なアクセサリーのお店の名前と住所、電話番号を教えていただきたいの。何度か電話したのですが、なかなかつかまらないのでお便り差し上げました。ご面倒でしょうが、よろしくお願いします。お返事待っています。

◆電話番号の問い合わせ状◆

拝啓　すっかり春めいてきました。ご無沙汰を重ねておりますが、お元気でしょうか。

さて、突然のお願いで恐縮ですが、城北高校で同級生だった山本明美さんの電話番号をご存じでしたらお教えくださいませんでしょうか。

急ぎ連絡したいことがあります。ご面倒でしょうが、よろしくお願いいたします。

敬具

◆場所の問い合わせ状◆

拝啓　ご無沙汰していますが、お変わりございませんか。

さて、この夏休み、山里のひなびた温泉にでも出かけてリフレッシュしたいと考えています。恐縮ですが、貴兄ご推薦の穴場がございましたらご紹介いただけませんでしょうか。日本全国の温泉巡りをなさっている貴兄ならばと思ってお問い合わせする次第です。勝手な申し状ですが、よろしくお願い申し上げます。

敬具

◆旅館の電話番号の問い合わせ状◆

前略　過日は突然おうかがいして失礼しました。

ところで、その折、話が出ました平家落人の里といわれる湯西川温泉を、私どもも訪ねてみたいと考えています。もし、あなたが宿泊された旅館の電話番号をひかえておいでしたら、お教えくださいませんでしょうか。湯西川温泉はまったくの不案内の地、ほかに適当な旅館があれば、そこでも結構です。

ご多忙のところまことに恐縮ですが、よろしくお願い申し上げます。　草々

住所の問い合わせ状の返事

おはがき拝読いたしました。

お申し越しのとおり、○○さんは昨秋、転居なさいました。新しい住所と電話番号は左記のとおりです。

〒○　静岡県浜松市……………………
☎　○五三四（……）…………

住所・場所の問い合わせ状の常用類句

- お願いがあってお便り差し上げます
- ○○さんの現住所をご存じないでしょうか
- ○○氏の連絡先を知りたく……
- ○○さんの移転先をご存じならお教えいただきたく……
- ご推薦の所がございましたらご教示いただきたく……
- 割烹○○の場所と電話番号をご存じでしたらお教えいただきたく……
- 不注意に○○氏の名刺を紛失してしまい……
- アドレス帳が見当たらず……
- 別記住所にお便りしたところ転居先不明で戻ってきました
- このところまったく音信不通で……
- 大兄なら消息をご存じかと思い……
- グルメのあなたなら味自慢のお店をご存じかと思いまして……
- お手数ながらご高配のほど願い上げます

日時の問い合わせ状 例文

◆訪問の日時の問い合わせ状◆

日増しに寒さが加わってまいりましたが、皆様お変わりございませんか。

ところで、長男○○の進学問題につきご相談したいことがございます。つきましては、来る十一月三十日夕刻にお訪ねいたしたく、ご都合をおうかがい申し上げます。まことに恐縮ではございますが、お時間をお割きいただければ幸いです。取り急ぎお願いまで。

◆会合の日時の問い合わせ状◆

前略　早速ですが、過日話のあった○○会の開催日は何日だったでしょうか。出席を楽しみにしているのですが、案内状を紛失してしまい、困っております。お手数でしょうが、正確な日時をお教えいただきたく、右、よろしくお願い申し上げます。

草々

◆日程の問い合わせ状◆

前略　先日、貴兄のお母様にお会いし、今夏に帰省されるとうかがいました。この好機逃すべからずと、久し振りに悪童連相集い、貴兄を囲んで一献傾けたいと思います。帰省の日程はどうなっているのでしょうか。

ご一報くだされば、準備を整えてお待ちしたいと存じます。再会を楽しみに。

草々

◆出発の日時の問い合わせ状◆

拝啓　寒冷の候、ますますご健勝のこととお喜び申し上げます。

さて、うかがいますれば、○○様にはこのたび研修のためアメリカへ赴かれるとか。出発のご予定はどうなっていらっしゃるのでしょうか。お手数でしょうが、正確な日時が決まりましたら、ぜひご一報ください。お見送りだけでもさせていただきたいと存じます。

右、取り急ぎお願いまで。

敬具

◆到着の日時の問い合わせ状◆

拝啓　春とは名のみの寒い日がつづいていますが、お変わりございませんでしょうか。

さて、先日のお便りによれば三月末頃に上京される予定とか。日程はもうお決まりなのでしょうか。おそらく飛行機を利用されると思いますが、羽田着の正確な日時がわかっているのでしたら、お手数でもご一報くださいませんでしょうか。時間に比較的余裕があるのでお迎えに参上したいと存じます。

敬具

日程の問い合わせ状の返事（女性）

おはがき懐かしく拝見しました。ご家族の皆様全員お元気そうでなによりですね。

さて、お申し越しの件ですが、八月十日から十六日まで子供連れで里帰りする予定です。帰り次第、私のほうから必ず電話を差し上げます。都合をつけてぜひお会いしましょう。

取り急ぎお返事まで。

かしこ

日時の問い合わせ状の常用類句

- 来る○日午後○時頃、お宅にお邪魔させていただきたいと存じますが……
- 一度おうかがいしたいと存じますが……
- 直接お目にかかってご相談に乗っていただきたく……
- 出張のため上京しますので、久し振りにお会いしたく……
- ○年ぶりに帰郷しますので、一献酌み交わしつつ旧交を温めたく……
- ご出発の日時を承りたく……
- ご到着の日時をお知らせいただきたく……
- 当地にご滞在のご予定をお教え願いたく……
- ご都合のよい日時をご指示ください
- ご都合をお聞かせください
- ご都合のほどお知らせ願えれば幸いです
- 追って○日頃、電話をいたしますので、そのときご都合をお聞かせ願いとう存じます
- 日程がわかり次第お知らせください

物品の問い合わせ状　例文

◆忘れ物の問い合わせ状①◆

前略　今月四日、貴旅館の菊の間に宿泊した者ですが、部屋に○○製の電気カミソリを忘れてきたようです。もし見つかりましたら、まことに恐縮ではございますが、表記住所にお送りいただきたくお願い申し上げます。送料などの費用は折り返し急送いたします。
右、取り急ぎ要用のみ。　草々

◆忘れ物の問い合わせ状②◆

前略　昨日は遅くまでお邪魔をいたし、大変失礼しました。その折、うっかりして、お宅の玄関に傘を置き忘れてしまったようです。
今週の土曜日、会社の帰りにいただきに参上しますので、まことに恐れ入りますが、それまでお預かり願えませんでしょうか。申し訳ありませんが、よろしくお願い申し上げます。草々

◆在庫の有無の問い合わせ状◆

貴社ご発行の書籍『○○○』（□□著）についてお問い合わせいたします。
一、在庫の有無
一、定価
一、入手方法
一、在庫がない場合の増刷予定
恐縮ですが、右記につきご回答をお願い申し上げます。

◆破損品の問い合わせ状◆

拝啓　貴社ますますご隆盛の段、お慶び申し上げます。

さて先日、貴社からお送り頂きました○○が破損しておりました。これでは使用不能ですので、新しい品とお取り替え頂きたいと存じます。つきましては、どのような手続きを踏めばよいのか、お知らせ願います。

右、急ぎお問い合わせ申し上げます。　敬具

◆品違いの商品の問い合わせ状◆

前略　九月五日付で発注しました○○、本日届きました。品物そのものは注文通りでしたが、カラーは赤を指定したのにもかかわらず、届いたのは黒でした。御社のなんらかの手違いかと存じます。

　つきましては注文通りの品と取り替えていただきたく、早急にご調査のうえ、ご一報たまわりたくお願い申し上げます。

草々

忘れ物の問い合わせ状の返事

拝復　先日はわざわざご来宅いただきありがとうございました。大したおもてなしもできず心苦しく思っております。

　さて、お申し越しのお忘れ物、確かに小宅にございました。本来なら直接お届けすべきところですが、幸便がなく、勝手ながら本日速達小包で郵送させていただきました。

　右、まずはご返事まで。

敬具

物品の問い合わせ状の常用類句

- 早速ながら用件のみおうかがいします
- つかぬことをおうかがいしますが……
- まことに失礼なおたずねで恐縮ですが……
- ○○についてお問い合わせ申し上げます
- お宅に○○を忘れてはいませんでしたでしょうか
- 記憶はあやふやなのですが、貴ホテルの○号室に○○を忘れてきたようです
- 電話のそばに手帳を置き忘れてしまいました
- お宅におうかがいするまでは確かに手にしていたと思うのですが……
- 貴社で製造販売されている○○の在庫はございますでしょうか
- 中身を確認したところ、注文の品とはまったくの別物でした
- 早急にお調べのうえ、ご回答くださいますようお願い申し上げます
- お調べの結果をご一報いただければ幸いです

着否の問い合わせ状 例文

◆お中元の着否の問い合わせ状（女性）◆

暑さ厳しき折柄、皆様にはお変わりございませんでしょうか。おうかがい申し上げます。

さて、十日ほど前、お中元のしるしまでに心ばかりの品をお送りいたしましたが、届いておりますでしょうか。失礼とは存じましたが、もしや誤配でもしたのではないかと案じ、念のためにおうかがい申し上げる次第です。　かしこ

◆贈り物の着否の問い合わせ状◆

ご無沙汰していますが、お元気ですか。

さて、先日青森へ旅行しました折、地元の商店からホタテ貝をお送りしたのですが、お手元に届いておりますでしょうか。なにぶんにも生物ですので、もし未着の場合や、少しでも傷んでいるようでしたら、恐れ入りますがご一報願いたく、右おうかがいまで申し上げます。

◆子供への送品着否の問い合わせ状◆

長らく音信がないけれど、変わりなくやっていますか。

ところで、先日リンゴを送ったのだが、届きましたか。返事がないので、途中で事故でもあったのではないかと心配しています。もし、未着なら、それなりの手配をしなければならないので、着否のほどを急ぎ知らせてください。

健康にはくれぐれも気をつけるように。返事を待っています。

◆注文品未着の問い合わせ状◆

前略　去る三月七日に発注いたしました○○、一カ月後の四月七日現在いまだ到着しておりません。送り状および請求書は届いておりますが、肝心の品物が未着で困惑いたしております。

お手数とは存じますが、至急ご調査のうえ、ご回答くださいますようお願い申し上げます。

右、取り急ぎご照会まで。　草々

◆購入品未着の問い合わせ状◆

急ぎお問い合わせ申し上げます。

去る九月三日、貴旅館に宿泊、一階土産物コーナー売店にて○○を購入、発送をお願いいたしましたが、十日後の本日現在未着となっております。どのようなご事情なのか、急ぎお調べのうえ、ご連絡頂けますようお願い申し上げます。なお、料金は支払いずみです。

右、よろしくお願い申し上げます。

着否の問い合わせ状の返事

拝啓　厳寒の候、ご尊家の皆様にはますますご健勝のこととお喜び申し上げます。

さて、先日は結構なものを頂戴いたし、まことにありがたく、厚く御礼申し上げます。早速にお礼状を差し上げるべきところ、つい忙しさにとりまぎれ、ご無礼申し上げました。ひらにご容赦くださいますようお願い申し上げます。

右、御礼かたがたお詫びまで。

敬具

着否の問い合わせ状の常用類句

- つかぬことをおうかがい申し上げますが……
- 失礼なお問い合わせとは存じますが……
- ○○デパートより○○をご送付申し上げましたが、お納めいただけましたでしょうか
- いつもは早速ご丁寧なお便りを頂戴しますのに、今回は音信がなく心配しております
- 誤配になっている可能性もありますので……
- 失礼とは存じますが心にかかりますので……
- 途中で事故でもあったのではないかと案じ、おうかがい申し上げる次第です
- お送りくださった旨ご連絡いただいた品、いまだ到着いたしておりません
- 去る○日に電話注文しました商品、○日現在未着です
- 貴店五階○○売場で○○を購入、別送をお願い致しましたが、いまだ届いておりません
- 催促がましい失礼なご照会、お許しください
- ご連絡お待ちいたしております

その他の問い合わせ状 例文

◆観光の問い合わせ状◆

前略　貴市で毎年秋に行われます○○祭を見物いたしたく、左記についてお問い合わせ申し上げます。

一、今年の開催日時
一、宿泊施設の状況
一、貴市のその他の名所旧跡

ご多忙の折、まことに恐縮とは存じますが、右、よろしくお願い申し上げます。

草々

◆会・団体の問い合わせ状◆

冠省　かねてより貴会の活動に関心を抱いている者ですが、より詳細な活動の状況を知りたく思っております。

つきましてはパンフレット等ございましたらお送り頂きたく存じます。お手数ですが、よろしくご高配のほどお願い申し上げます。

草々

◆宿泊の問い合わせ状◆

前略　昨夏、そちらにお世話になった○○です。今年も八月六日から九日まで御地への旅行を計画しており、昨年同様、サービスの行き届いた貴旅館にぜひお世話になりたいと願っております。人数は大人二名、子供二名の計四名です。

シーズン中で大変とは存じますが、格別のご配慮をいただき、折り返しお返事頂戴できますれば幸いでございます。

草々

◆転校先の学校への問い合わせ状（女性）◆

拝啓　貴校ますますご清栄のこととお慶び申し上げます。

さて、このたび転居に伴い、新年度より貴校にお世話になります小学四年女子の母親です。転校は初めての経験で、どのような手続きや書類が必要なのかもわからずとまどっております。つきましては、右につきご教示いただきたく、よろしくお願い申し上げます。

かしこ

◆修理の問い合わせ状◆

早速ながら要件のみおうかがいいたします。

先日お願いしましたビデオカメラの修理の件、その後いかがなっておりますでしょうか。お約束の日時から一週間以上たちますが、いまだにご連絡をいただけず困惑いたしております。

春休みにはどうしても必要ですので、修理がすみ次第、急ぎご一報くださいますようお願い申し上げます。

その他の問い合わせ状の常用類句

- 突然のお問い合わせで失礼いたします
- はなはだぶしつけではございますが……
- つかぬことをおうかがいいたしますが……
- 家族四人で御地へ紅葉狩りに出かけたいと計画しておりますが、地理不案内ですので、左記につきご教示いただきたく……
- 適当な宿泊施設がございましたら、お教え願いたく……
- ご推薦のルート、混雑具合、宿泊施設と平均的な料金、名産品などについてアドバイスいただきたく存じます
- ぜひ貴会に入社したく……
- できますればお仲間に加えて頂きたく……
- ○○の件、どうなっておりますでしょうか
- ○○の件につきお教えいただきたく、お問い合わせする次第です
- お手数とは存じますが、なにとぞよろしくお願い申し上げます

依頼のはがき

依頼状は、紹介や斡旋、借用など、相手に何かを頼み、助力を願うものです。したがって、本来なら直接会って、あるいは文書の場合でも封書で依頼するのが礼儀です。

ただし、相手が気のおけない親しい人の場合とか、依頼の内容が公開されてもさしつかえない場合などは、はがきの依頼でも失礼にはならないでしょう。とはいえ、依頼状は多かれ少なかれ相手に負担をかけるもの。相手との関係がどうあれ、礼を失しない、丁重な文面にする必要はあります。

◆ポイントと注意点

①何を依頼したいのかが相手に誤解なく伝わるように、明確かつ要領よく書く。
②依頼事項が複数の場合は箇条書きにしたほうがわかりやすい。
③相手の立場を無視した過大で無理な頼み事はひかえる。
④借用依頼では、借用期限を明記する。
⑤強制的、あるいは命令的な押しつけがましい依頼の仕方は避ける。
⑥必要以上におもねったり、卑屈になったり、哀訴したりしては、かえって相手を不快にさせ、逆効果になりがちなので注意する。
⑦依頼される側は、程度の差はあれ、骨折りしなければならないのだということを常に念頭に置いて書く。
⑧前文の省略は好ましくない。
⑨依頼がかなってもかなわなくても必ず礼状を出す。

①拝啓　余寒の候、ますますご健勝のことと存じ上げます。
②さて、ここ数年、故郷○○の郷土史の研究を手がけており、今夏、現地調査をしたいと考えています。地元在住の郷土史家をご存じでしたら、ご紹介頂けないでしょうか。
③恐縮ですが、右、お願い申し上げます。
敬具

ワンポイントアドバイス

基本型　人物紹介の依頼状

①＝前文　礼儀を重んじなければならないので、よほど親しい人でないかぎり、前文は省略しない。

②＝主文　依頼したいことを簡潔に要領よく記すこと。相手に負担がかかるのだということを念頭に置き、へりくだった丁重な表現を心がける。当然、無理な頼み事などはすべきではない。

③＝末文

①ご無沙汰していますが、お変わりございませんか。
②突然ぶしつけなお願いで恐縮ですが、カメラをお貸し願えませんでしょうか。この春、東北旅行を計画しており、ぜひ松島の景観を写真に撮ってきたいと思っています。3月26～29日の間、借用願えれば幸いです。
③よろしくお願い申し上げます。
かしこ

基本型　借用の依頼状

①＝前文

②＝主文　借用の依頼状では、それを必要とする理由も記したほうがよい。さらに、借用期限についても明記しておくべき。

相手が親しい人や後輩などであっても、強制的な依頼の仕方は禁物。かといって、卑屈になるのも逆効果。素直にお願いする気持ちが大切。

③＝末文

紹介・斡旋の依頼状 例文

◆部屋探しの依頼状◆

拝啓　残寒の候、お元気でご活躍のこととお喜び申し上げます。

　さて、長女○○が○○大学に進学、東京住まいをすることになりました。つきましては、貴兄に住まいの斡旋をお願いしたく一筆申し上げる次第です。本人は、大学まで一時間以内、バス・トイレ付きのワンルームマンションを希望しております。恐縮ですが、旧友のよしみでお力添えのほどお願い申し上げます。

敬具

◆友人への書籍紹介の依頼状◆

ご無沙汰していますが、元気でやってますか。

　突然ですが、歴史に詳しい貴兄にお願いがあります。最近、にわかに明治維新史に興味を抱きはじめました。お手数ですが、手頃な研究書がありましたら、紹介頂けませんか。よろしく。

◆友人への旅館紹介の依頼状◆

その後お変わりありませんか。

　ところで、十月頃、仙台へ旅行する計画を立てており、宿は鳴子温泉に取る予定です。確か貴兄の親戚が鳴子温泉で旅館をやっているはず。差し支えなければ、そこを紹介いただけないかと思い、ペンをとった次第です。突然のお願いで申し訳ないが、よろしくお願いします。

◆家庭教師紹介の依頼状（女性）◆

新緑が目にさわやかなこの頃、お変わりなくお過ごしでございましょうか。

　突然ぶしつけなお願い事で恐縮ですが、長男○○（中学二年）の英語の家庭教師をしてくださる方をご紹介いただければと思い、お便り差し上げた次第です。お宅のお嬢様のお友だちにでも適当な方はいらっしゃいませんでしょうか。

　勝手なお願いでご迷惑とは存じますが、よろしくお願いいたします。

かしこ

◆アルバイト仲介の依頼状◆

拝啓　ご無沙汰していますが、お元気でご活躍のことと思います。

さて、大学二年の長男が、貴兄の勤めるボウリング場でアルバイトをしたいと申しております。突然で恐縮ですが、可能かどうか打診のうえ、もし可能なら条件などについてお教え願えないでしょうか。ぶしつけなお願いで申し訳ありませんが、折り返しご一報くだされば幸甚に存じます。

敬具

部屋斡旋の依頼状の返事

拝復　お便り拝読しました。

お申し越しの件、早速知り合いの不動産屋に手配いたしました。○○大学なら○○沿線が便利ではないかと思います。バス・トイレ付きのワンルームマンションの家賃の相場は○万円くらいだそうです。一週間程度でめどがつくと思いますので、再度お返事申し上げます。

敬具

紹介・斡旋の依頼状の常用類句

- ぶしつけなお願いで申し訳ありませんが……
- 大学に通うことになり、アパートを探さなければなりません
- 転勤のため急に住まいが必要になりました
- 適当なアパートのお心当たりはございませんでしょうか
- お近くに手頃な貸家はありませんでしょうか
- その方面に造詣の深い方をご紹介いただけませんでしょうか
- ピアノ教師として適当な方をご存じならば、ぜひご紹介いただきたいと存じます
- ○○氏とご親交の由、うけたまわっておりますので、お力添えいただきたく……
- 急ぎ○○様に面識を得たいのですが……
- まことに恐れ入りますが、ご斡旋いただければ幸いに存じます
- ご紹介の書状をいただけましたらと、お願い申し上げる次第です

借用の依頼状　例文

◆書籍借用の依頼状◆

拝啓　お元気でご活躍のことと存じます。

　突然のお願いで恐縮ですが、貴兄がお持ちの○○著『□□』（○○出版社刊）を一週間ほど貸していただけないでしょうか。レポート作成に不可欠の資料なのですが、版元に問い合わせても絶版、近くの図書館にもなくて困っております。右、よろしくお願い申し上げます。

敬具

◆DVD借用の依頼状◆

　盛夏の候、お変わりございませんでしょうか。

　さて、まことに申し上げにくいことですが、過日録画されたとうかがいました、東洋テレビで○月○日放映の『□□』のDVDを借用願えないでしょうか。仕事の都合上、ぜひ目を通しておきたい番組です。二日もあれば十分ですので、よろしくお願いいたします。

◆ビデオカメラ借用の依頼状◆

　急ぎお願いしたいことがあり、ペンをとりました。来る十月十日に息子の運動会が予定されています。つきましては、ビデオカメラをお貸し願えませんでしょうか。用がすみ次第、速やかにお返しいたします。

　ご迷惑とは重々承知いたしておりますが、親バカと思し召し、ご配慮のほどよろしくお願い申し上げます。

◆テント借用の依頼状◆

拝啓　梅雨明け後、毎日暑い日がつづいておりますが、お元気でお過ごしでしょうか。

　さて、この夏、家族キャンプを計画しております。つきましては、まことに勝手なお願いで恐縮ですが、貴兄がお持ちのテントを拝借願えないでしょうか。期間は八月一～四日です。注意して取り扱いますので、なにぶんよろしくお願い申し上げます。

敬具

◆スーツケース借用の依頼状（女性）◆

拝啓　桜前線が北上中の今日このごろ、お元気にお過ごしのことと思います。

ところで、ゴールデンウィークに中国旅行を計画しています。つきましては、もし可能なら四月二十八日から五月六日まで、スーツケースを借用願えないでしょうか。まことにぶしつけなお願いで恐縮ですが、責任をもってお返ししますので、よろしくお願いいたします。かしこ

書籍借用の依頼状の返事

拝復　ご丁寧なおはがき拝読しました。お変わりなくご活躍のご様子なによりです。

さて、お申し越しの件、了解しました。○○著『□□』、お急ぎと存じ、本日冊子小包で郵送申し上げました。小生は当分の間、必要とすることはないと思いますので、お仕事が終わるまでご自由にお使いください。

取り急ぎお返事まで。　敬具

借用の依頼状の常用類句

- 勝手なお願いでご迷惑とは存じますが……
- まことに唐突な申し出ではございますが……
- 突然お便りし、しかもまことに申し上げにくいお願いなのですが……
- 折り入ってお願いしたいことがございまして、一筆申し上げる次第です
- ○○を貸していただけませんか
- ○○を拝借できないでしょうか
- ○日間ほどの期間で十分です
- 事情お察しのうえ、ご高配いただければ幸いでございます
- 他に頼める人もなく、思い切ってお願い申し上げる次第です
- もし借用願えれば、これほど嬉しいことはございません
- 期日には相違なくお返しいたしますので、よろしくお願い申し上げます
- ご承知いただけますようお願い申し上げます

その他の依頼状 例文

◆友人への世話役の依頼状◆

ご無沙汰しているが、元気でやってますか。

さて今夏、久々にクラス会を開こうという声がある。仲間と話し合った結果、幹事役は君にお願いするのがベストということになった。君は級友との交際が広いこと、そして地元にいることがその理由。まことに勝手なお願いだが、引き受けてくれないだろうか。日時、場所等は一切おまかせする。面倒だろうがよろしく。

◆チケット手配の依頼状◆

お変わりありませんか。突然のお願いで恐縮ですが、○月○日、□□で行なわれる○○の公演のチケットを二枚手配していただけないでしょうか。近くにプレイガイドがなく困っています。代金は、ご一報いただければすぐにお送りしますのでよろしくお願いします。

◆友人への手伝いの依頼状（女性）◆

お元気？　この前ちょっとお話ししたように、来る○日に引っ越しをします。そこでお願い。男手は足りているのですが、女性陣は私ひとり。キッチンの整理は男性にはまかせられませんし、かといって私ひとりでは二日も三日もかかってしまいそうです。本当に勝手なお願いで心苦しいのだけど、お手伝いいただけないかしら。よろしくお願いします。

かしこ

◆友人への調査の依頼状◆

拝啓　ご無沙汰していますが、変わりなくやっていることと思います。

ところで、明春△△短大を卒業予定の長女が○○㈱への就職を希望しています。確か○○㈱は貴君の会社と取引があったはず。ついては同社の業務内容、将来性などについて、知っている範囲でかまわないからご教示願えないだろうか。

勝手なお願いだが、よろしく。

敬具

◆友人へのスピーチの依頼状（女性）◆

拝啓　お変わりありませんか。

披露宴への出席のお返事ありがとうございました。ついては、お願いがあります。席上、あなたのスピーチをいただきたいの。短くてかまわないから、ぜひお願い。一番の親友のスピーチがあれば、幸せ気分は倍増よ。

ご迷惑でしょうが、よろしくお願いいたします。

かしこ

世話役の依頼状の返事

拝復　お便りを懐かしく拝読しました。

クラス会の幹事をやってほしいとのこと、了承しました。貴君らに白羽の矢を立てられたのでは、断るわけにもいかないでしょう。喜んで、そして〝無償〟で引き受けます。

かつての美少年、美少女との再会を楽しみに、早速、準備にかかりますので安心してください。

詳しくは、後日連絡します。

敬具

その他の依頼状の常用類句

- 突然のお願いで申し訳ございませんが……
- ぶしつけなお願い事で心苦しいのですが……
- 大変厚かましいお願いで恐縮ですが……
- ご迷惑をかえりみず、突然のお願いでまことに恐縮とは存じますが……
- 幹事をお願いできないでしょうか
- ○○のお世話をお願いできないでしょうか
- ○○のお手伝いをいただければ幸いです
- お手伝い願えれば、これほど嬉しいことはございません
- ぜひともお力添えいただきたく、伏してお願い申し上げます
- あなた以外にはお頼りする方もございませんので……
- 右の事情ご賢察のうえ、よろしくご配慮のほどお願い申し上げます
- ご清諾いただければ幸いに存じます
- 略儀ながら書面にてお願い申し上げます

勧誘のはがき

勧誘のはがきの目的は、文字どおり、各種会合やサークル活動、趣味の会などへの参加や入会を勧めたり、あるいはレジャーや旅行などに誘うことにあります。

　勧めたり、誘ったりする対象が、相手に対してメリットや楽しみ、喜びなどをもたらすものでなければ、相手は関心を持ってくれないということを、まず承知しておくことが大切です。しかも、気軽に応じられるものでないと、勧めや誘いには乗りにくいものです。

　そうした点を十分考慮したうえで、相手が期待感を抱けるような、親しみをこめた文面になるように気配りする必要があります。

◆ポイントと注意点

①会合への勧誘の場合は、その会合の目的、日時、場所、会費など必要事項を明確かつ要領よく書く。

②レジャーや旅行への誘いも同様で、日時、目的地、集合場所、費用など、必要な事柄を明記するほか、雨天のときの対処法、同行者の有無なども書き添えておく。

③相手の都合を考えて、期日が迫らないうちに届くように早めに出す。少なくとも二週間程度の余裕は見ておきたい。

④相手に強制的な印象を与えるような文章は禁物。けっして押しつけがましくならないように、低姿勢の表現に。

⑤基本的には返事を求める所信なのだから、たとえ気のおけない間柄であっても、往復はがきを用いるのが礼儀。

ワンポイントアドバイス

前略　先日○○高校のクラス会の通知があったと思います。前回は君に会えるものと期待して出席したのですが、欠席していて残念でした。君の近況など知りたく思っています。忙しい毎日だろうけど、今回はぜひ出席してほしいと願っています。

再会を楽しみにお誘いまで。

草々

基本型
クラス会への出席の勧誘状

①＝前文省略

②＝主文　会合の趣旨、日時、場所、会員などがすでにわかっている場合は別として、そうでない場合はそれらの必要事項を明記する。

相手に強制的な印象を与えるような勧誘の仕方は反感をかうだけ。気軽に応じられるような文面を心がけること。

③＝末文

ようやく春の到来ですが、お変わりありませんか。

さて、突然のお誘いで恐縮ですが、花見の宴を開きませんか。4月5日（土曜）午後2時より、○○公園にて、会費……円の予定です。○○さん、□□さんたちもお誘いしています。楽しいひと時を過ごしましょう。

ご都合のほどお聞かせくださいませ。

基本型
花見への勧誘状

①＝前文

②＝主文　レジャーや旅行の誘いにも、日程など必要事項を必ず明記すること。さらに参加メンバーなどについても触れておきたい。

メンバーのなかに知り合いがいると、わりと気軽に応じやすいもの。

③＝末文

勧誘状は返事を求めるのが前提なのだから、往復はがきを使うのがマナー。

出席・参加の勧誘状　例文

◆祝賀会への出席の勧誘状◆

拝啓　新緑の候、ご健勝のことと存じます。

さて、○○君がこのたび『○○』と題する句集を出版されました。ついては、来る五月三十日午後六時より、レストラン「○○」にて祝賀会（会費……円）を開く予定です。友人一同、欠けることなく出席して、お祝いしようではありませんか。お忙しいとは思いますが、ぜひご出席くださるようお願いいたします。

敬具

◆講演会への出席の勧誘状◆

前略　早速ですが、来る四月二日午後四時より市民会館で○○氏の講演会が開かれます。○○氏といえば古代史の権威。またとない機会なので、ぜひご一緒しませんか。古代史ファンの貴兄にとっては興味津々ではないかと存じ、取り急ぎお誘いする次第です。
草々

◆ＯＢ会への出席の勧誘状◆

拝啓　ご無沙汰していますが、その後お変わりありませんか。

さて、過日連絡があったと思いますが、来る十一月二十一日、城北大学空手部のＯＢ会が開かれます。ここ数年、貴兄の顔が見えず残念でなりません。今回は貴兄にもぜひ出席してもらいたく、お誘いする次第です。久し振りに一献酌み交わしましょう。

敬具

◆親睦会への出席の勧誘状◆

拝啓　お変わりなくご活躍のことと存じます。

さて、毎月定期的に開いております○○会、今月も例月同様、二十日午後六時より、スナック「○○」にて開催します。ここ二、三回、貴兄の顔が見えず、会員一同寂しい思いをしています。貴兄が欠席されると、今ひとつ盛り上がりに欠けますので、次回例会にはなんとか都合をつけてご出席ください。

敬具

◆読書会への出席の勧誘状（女性）◆

ご無沙汰しておりますが、お元気にお過ごしのことと存じます。

さて、恒例の読書会、このところ欠席がつづいておりますが、いかがなさったのでしょうか。おせっかいとは思いつつも、ぜひご出席いただきたくペンをとりました。全員があなたのご出席を熱望していますので、次回はなにとぞお出かけくださいませ。

かしこ

出席・参加の勧誘状の返事

拝復　陽春の候、ますますご健勝のこととお喜び申し上げます。

お便りありがたく拝読いたしました。ご丁寧なお誘い、心よりお礼申し上げます。○○には日頃から強い関心を抱いておりますので、当日は万難を排して参加させていただきたいと存じます。

右、取り急ぎお礼かたがたご返事まで。　敬具

出席・参加の勧誘状の常用類句

- 来る○月○日、○○会が催されます
- すでに通知があったと思いますが、○○の会には出席なさるのでしょうか
- 突然のお誘いで申し訳ございませんが……
- 唐突なお誘いで恐縮に存じますが……
- ご都合がよろしければ、ぜひご出席いただきたいとペンをとった次第です
- 友人一同相集い、彼の前途を祝福したいと存じますので、ぜひご出席ください
- 次回の例会では重要な案件を討議したいと思っておりますので……
- 旧交を温めるとともに、お互いの近況報告をしたいと存じますので……
- 必ずや有意義な会合になるものと存じ、ご出席をおすすめする次第です
- 万障お繰り合わせのうえ、ご参加くださいますようお願い申し上げます
- なにとぞご出席いただきたいと存じます

レジャーの勧誘状 例文

◆コンサートの勧誘状（女性）◆

お元気ですか。以前から約束していた○○のコンサートのチケットが二枚手に入りました。五月二十六日、中野サンプラザホール、午後六時半開演です。もちろんご一緒してくれるでしょうね。当日午後六時、入口で待ってます。都合が悪ければ、折り返し連絡してください。

取り急ぎお知らせまで。

かしこ

◆花火見物の勧誘状◆

前略　以前から一度見てみたいとおっしゃっていた恒例の○○花火大会が、来る八月五日に開催されます。私どもの部屋は絶好の見物場所ですので、当日午後六時頃までに、ご家族おそろいでお出かけになりませんか。お心遣い無用に、ぜひお越しください。なお、勝手ながらご都合のほどご一報いただければ幸いです。
草々

◆友人への花見の勧誘状◆

桜前線が急速に北上中で、今月末には東京でも満開になるとの予報が出ています。となれば当然、花見。来る三月三十一日、千鳥が淵で桜花をめでつつ、花びらを杯に浮かべて、春の宵を楽しみませんか。

あなたもご存じの方々に声をかけています。ぜひご参加ください。近々、お電話を差し上げますので、よろしく。

◆スキーの勧誘状◆

待ちに待ったスキーシーズンの到来です。じつはクリスマスイブの二十四日から二十七日まで、三泊四日で苗場へ行こうと計画しているのですが、ご都合がよろしければご一緒しませんか。同行するのは気のおけない友人ばかりです。

文字通りのホワイトクリスマス、あなたが参加してくだされば、より楽しいものになります。

吉報をお待ちしています。

◆友人への旅行の勧誘状◆

ようやく春めいてきましたが、相変わらず元気で頑張っていることと思います。

さて、突然ですが、五月の連休に二泊三日くらいの日程で奈良へ旅しませんか。陽光を浴びつつ山の辺の道をたどり、飛鳥あたりを散策したいと思っています。春の大和路、捨てがたい味がありますよ。

折り返しご都合をお知らせください。いろよいお返事をお待ちしております。

旅行の勧誘状の返事（女性）

心うきうきするようなおはがき、ありがとうございました。お申し越しの件、もちろん大賛成です。山の辺の道はぜひ歩いてみたいと憧れていたところです。ぜひご一緒させていただきたいと思いますので、よろしくお願いします。

詳しいことは近々お会いして打ち合わせましょう。まずは急ぎお返事まで。

かしこ

レジャーの勧誘状の常用類句

- ゴールデンウイークはどうなさるのですか
- ハイキングに最適の季節が到来しました
- 夏真っ盛り、海が呼んでいます
- 紅葉が美しい季節となりました
- 突然のお誘いで申し訳ございませんが……
- 春の宵、観桜の小宴をはりましょう
- 伊豆の海の近くに私の実家があるのですが、今夏、お子様連れでご一緒しませんか
- ○○渓谷の紅葉の美しさはひときわだそうです。ご都合がよろしければ、ドライブがてら紅葉狩りに出かけてみませんか
- 観月会を開き、名月をめでましょう
- ○○スキー場の白銀に美しいシュプールを描きましょう
- ○○の音楽会にご一緒しませんか
- 久々に歌舞伎見物などいかがでしょうか
- ぜひご同行願いたいと存じます
- ご一緒願えれば幸いです

入会の勧誘状 例文

◆読書会への入会の勧誘状◆

お元気でお過ごしのことと存じます。

さて、突然のお誘いで恐縮ですが、○○読書会に入会なさいませんか。現在のメンバーは十余名で、○○高校の□□先生を講師役に、月二回、日本の古典文学を中心に輪読会を開いています。皆さんの気のおけない方ばかりですので、一度見学にいらしてみてください。

◆テニス同好会への入会の勧誘状（女性）◆

スポーツの秋到来、というわけでお誘いがございます。○○団地に住む仲良し主婦が集まり、テニス同好会を結成しました。つきましては、スポーツウーマンのあなたにもぜひ入会していただきたいと、ペンをとった次第です。一緒に〝快汗〟を流しませんか。よい返事をお待ち申しております。

かしこ

◆囲碁同好会への入会の勧誘状◆

このたび、旭が丘二丁目に住まう同好の士が集まり、旭一囲碁クラブが結成しました。

うけたまわりますれば、○○様は五段の実力の持ち主とか。ご都合がよろしければ、ぜひご入会をいただき、私たち素人をご指導いただければ幸いに存じます。突然のお誘いで失礼とは存じますが、ぜひご入会くださいますようお願い申し上げます。

◆歴史研究会への入会の勧誘状◆

拝啓　新緑の候、いよいよお元気にご活躍のことと拝察いたします。

さて、郷土史研究会では、高知の歴史に関心をお持ちの方を募っており、とくに高知の幕末史に造詣が深いあなたにご入会願えないかと、お誘いする次第です。唐突なお誘いで恐縮ですが、ご高配をいただければ幸いでございます。

右、お誘いとお願いまで。

敬具

入会の勧誘状の返事

ご丁寧なお便り、嬉しく拝読いたしました。

入会のお勧め、まことにありがたいのですが、○○に関しては、私はまったくの素人。お仲間に加えていただいても、かえってご迷惑をおかけするのではないかと案じております。そこで、勝手ではございますが、一度見学させていただいてから、最終的なお返事をいたしたいと存じますので、よろしくお願い申し上げます。

入会の勧誘状の常用類句

- ○○同好会を発足させました
- ○○会ではメンバーを募っております
- 私の所属する○○研究会では、会員を広く募集しております
- お気軽にご入会ください
- ご都合がよろしければ、ぜひご入会いただきたいと存じます
- 会員は素人ばかりですから、安心してご入会いただけると思います
- 初心者ばかりで結成した同好会ですから、なんの心配もありません
- 明るくにぎやかで、とても楽しい会です
- 例会はいつも楽しい雰囲気にあふれています
- 会員数は○名、気安くお付き合いできるかたばかりです
- 親睦を図るとともに、お互いの知識を深めようというのが会の趣旨です
- 吉報をお待ち申し上げております

見舞い・激励のはがき

見舞い状は、寒中・余寒・暑中・残暑見舞いのような時候の見舞い状と、病気や事故、災害の見舞い状のふたつに大別されます。前者は近況報告を兼ねた挨拶的なものです。ここで扱うのは後者で、病人、事故や災害にあった人を慰め励ますことを目的とします。

激励状は、失敗や挫折をして失意のどん底にある人、逆境にあって苦悩している人などを、文字どおり激励するほか、奮起を促したり勇気づけたりするものです。

その内容からいって、封書にするのが礼儀ですが、緊急時にはとりあえずはがきを出し、後日封書で見舞ってもさしつかえないでしょう。

◆ポイントと注意点

①相手の心情を察し、相手の立場に立って、温かくて思いやりのある文面にする。

②そのためには、相手が触れられたくないと予想できる話題は避けるべき。

③同情の気持ちは大切だが、誇張は禁物。かえって白々しい文章になってしまう。

④病気や事故、災害を知ったら、タイミングを失しないようにすぐ出すこと。

⑤時候の挨拶などは省略してもよい。

⑥不吉なことやその繰り返しを連想させる、次のような忌み言葉、重ね言葉は使わない。

◆四／九／死／死ぬ／諦める／衰える／枯れる／朽ちる／倒れる／散る／寝つく／根づく／亡びる／滅びる／まいる／逝く

◆追って／返す返す／重なる／重ね重ね／しばしば／たびたび／再び／また／またまた

①前略　②急なご入院とうかがい、驚いています。ご容体はいかがですか。ご案じ申し上げております。ご家族の皆様もさぞご心痛のことと拝察いたし、一日も早いご回復をお祈り申し上げます。
③近々お見舞いに参上いたしたいと存じますが、まずは取り急ぎ書状をもってお見舞いまで。　草々

ワンポイントアドバイス

基本型
病気の見舞い状

①＝前文省略　見舞い状では、時候の挨拶などの前文は省略して、いきなり本題に入るのが一般的。

②＝主文　気落ちしている相手の心情を思いやった、温かさが伝わるような文面が望ましい。当然、不吉なことを連想させる忌み言葉などを使ってはならない。

③＝末文

②○○君、今回の入試は意外な結果に終わり、残念だったね。だが、若い頃の一年や二年はどうってことはない。かくいう伯父さんも、自慢じゃないが二浪した。君の場合は運が悪かっただけだろう。
君の努力のほどを最もよく知っているのは君自身だ。
③くじけることなく、再チャレンジしてほしい。頑張れよ。

基本型
受験生への激励状

前文は省略

②＝主文　親しい人や後輩への激励状は、右の例のように、相手に呼びかける書き出し方をするのも効果的。

あまり形式にこだわらず、励まし勇気づける文面にする。ただし、同情の気持ちを大げさに表わすと、かえって白々しい文章になりがちなので要注意。

激励状にも忌み言葉を用いるのはタブー。

③＝末文

病気・事故の見舞い状 例文

◆家人への病気の見舞い状◆

　早速ですが、ご主人様がご病臥中とうかがい驚いております。ご容体のほどはいかがでございましょうか。元来、ご壮健なご主人様のこと、必ず本復されることと存じ、全快の日の早からんことをお祈りいたしております。

　ご家族の皆様もご看護疲れのことと思いますが、どうかお身体お大切になさってください。

◆友人への病気の見舞い状（女性）◆

　○○さんからの電話で、あなたが昨日入院したと知らされ、びっくりしています。ご病状はどうなのでしょうか。お医者様のいうことをよく聞いて、治療に専念してください。わがままを出しちゃだめよ。
　近いうちにお見舞いにうかがいます。どうかお大事に。

かしこ

◆友人への交通事故の見舞い状◆

前略　交通事故に巻き込まれたそうだが、怪我の具合はどうですか。かなりの大事故だったそうで、心配しています。しばらくは不自由なベッド生活だろうが、焦ることなく治療に専念してください。

　折悪しく明日から出張なので、帰京次第見舞いに行きます。

　取り急ぎ書面にて失礼。

草々

◆家人への交通事故の見舞い状◆

前略　奥様が交通事故にあって救急病院に運ばれたと聞き及び、驚きいっている次第です。お怪我の具合はいかがでございますか。

　まだお若く、スポーツで鍛えられていらっしゃるので、ご平癒も間もないと存じますが、くれぐれもお大事になさいますよう、お祈り申し上げます。

　まずは書面にてお見舞いまで。

草々

◆入院の見舞い状◆

急啓　本日、ご入院との報に接し、びっくりいたしました。うけたまわりますれば、術後のご経過はすこぶるご順調とのこと、いささか安堵いたしております。

ご苦労はおありとは思いますが、天が与えてくれた骨休みの機会と思し召しになり、どうかご養生に専念なさっていただきとう存じます。

まずは書中にてお見舞い申し上げます。　草々

病気見舞い状の返礼

ご丁寧なお見舞い状、ありがとうございます。

酒の飲みすぎ、煙草の吸いすぎで、ついに肝臓がダウンしてしまいました。日頃の不摂生、つまりは自業自得というわけです。今は退屈を苦痛に感じる程度で、おとなしく自戒の日々を送っています。もうしばらくすれば退院できるようですので、他事ながらご安心ください。

まずは御礼まで。

病気・事故の見舞い状の常用類句

- 突然のご発病、びっくりしました
- ご病状のほどいかがかと案じております
- ○○様にはご病気の由、ご病状はいかがでございましょうか
- 一日も早いお床上げの朗報をお聞かせいただきたいと存じます
- 気落ちせず、根気よくご加療なされば、必ず本復の日が訪れると存じます
- 天の命令と、のんびり養生なさることです
- 十分にご療養なさり、一日も早く元気なお姿をお見せください
- 一日も早くご健康な○○様にお目にかかりたく、お祈りいたしております
- 早いご退院をお祈りいたしております
- ご家族の皆様のご苦労もさぞかしと存じます
- ご心労のほど、深くお察し申し上げます
- 直接参上してお見舞い申し上げるべきところ、書中にて失礼いたします

災害の見舞い状　例文

◆風水害の見舞い状◆

今夕のテレビニュースによれば、御地が大型の台風の直撃を受けたとのこと。早速電話をおかけしたのですが、通話制限のためお声が聞けず、急ぎペンをとった次第です。暴風雨の中、皆様にお怪我などございませんでしたでしょうか。案じ申し上げております。

右、取り急ぎお見舞い申し上げます。

◆地震の見舞い状◆

昨日、御地が大地震に見舞われた由、被害も甚大とのことで驚き案じております。お宅のご様子はいかがでございますか。ご家族の皆様もご無事に避難されましたでしょうか。

もし、ご入用の品などございましたら、どうかご遠慮なくお申し越しくださいませ。

まずは書面にてお見舞い申し上げます。

◆豪雨の見舞い状◆

ニュースによれば、御地を集中豪雨が襲い、河川が氾濫して大きな被害が出ているとのこと。お宅は確か加茂川の近くに位置していたはず。驚き案じております。

遠方ゆえ詳しいことがわからず、ただただ、被害がないことをお祈りするばかりです。

とりあえず書面をもちまして、右お見舞い申し上げます。

◆豪雪の見舞い状◆

数十年振りという豪雪が御地に大きな被害をもたらしたとのニュースに接し、驚いております。貴宅に被害はありませんでしたでしょうか。ご家族の皆様もご無事でいらっしゃいましょうか。心配でなりません。

私どもでお役に立つことがありますれば、ご遠慮なくお申し越しください。

取り急ぎご様子うかがいまで。

◆火災の見舞い状◆

今朝の新聞を見て仰天いたしました。炎上した一帯はお宅様とは至近距離。ほんの目と鼻の先まで炎が迫っていたとか。夜間の火災で、しかもお小さい方もいらっしゃるので、さだめし大変だったことと存じます。

皆様にはお障りございませんでしたでしょうか。ご無事を心からお祈り申し上げます。

まずは取り急ぎお見舞いまで。

災害の見舞い状の返礼

過日は早速ご丁寧なお見舞い状を頂戴いたし、まことに恐縮に存じます。

近くの川が氾濫、小宅も床下まで浸水しましたが、幸い家族全員怪我もなく無事でございました。今は水も引き、後片付けも終わって、従前通り元気に暮らしておりますので、他事ながらご休心くださいませ。

まずは右、ご報告と御礼まで。

災害の見舞い状の常用類句

- 例年にない大型の台風が御地へ上陸したとのニュースに接しました
- 御地の大地震、ニュース速報で知り、お宅様のご様子はいかがかと胸を痛めております
- 場所により家屋の倒壊などもあったとか……
- 御地は震源地にかなり近かったはず、被害のほどをご案じいたしております
- お年寄りもおいでのこと、大変なご苦労であったろうと拝察いたします
- 電気、ガス、水道などすべてストップしているとか、さぞ不自由なことと存じます
- 貴邸に類焼と聞きおよび、驚いています
- お宅が類焼されたことを知り、皆様ご無事かとご案じ申し上げております
- 皆様ご無事かと心配でなりません
- 皆々様のご無事をお祈り申し上げております
- さぞご落胆のことと存じますが、一日も早く再建への第一歩を踏み出してください

激励状 例文

◆受験生への激励状◆

○○君、元気でやっていますか。第一志望は□□大学とか。かなりの難関だね。しかし君の実力なら、悠々と突破できるはずだ。
受験勉強がむなしいというが、あと一カ月ほど頑張れば、灰色の青春とはおさらばじゃないか。栄冠は目前にある。健康に気をつけてラストスパートを。朗報を待っている。

◆失敗した受験生への激励状◆

○○君、今度の入学試験は望みがかなわず残念だったね。日頃の君の努力を知っている者としては、運が悪かったとしか考えられない。
しかし、人生は七転び八起き、若いときの一度や二度の失敗はいつでも取り返せます。くじけることなく、再挑戦してください。

さらなる奮闘を期待しています。

◆失敗した友人への激励状（女性）◆

今回の司法試験、不本意な結果に終わったとうかがい、私も残念に思っています。でも、司法試験は難関中の難関。現役で合格する人は、きわめて少ないそうですね。

人生はチャレンジするには十分に長いもの。気落ちすることなく再アタックしていただきたいと念じております。

ご奮闘をお祈り申し上げます。

かしこ

◆失業した友人への激励状◆

前略　会社が倒産した由、○○君からうかがい、びっくりしました。

落胆のほどは重々承知しているが、貴兄の真価を発揮できる場所は必ずあるはず。焦るな、くさるな。今は充電の時期と割り切り、新しい出発の準備をしてほしいと願っている。小生にできることなら、協力は惜しまないつもりだ。

近いうちに電話するので、一杯やろう。草々

激励状の返礼

心温まる書状、ありがとうございました。

突然の倒産とあって、妻子をかかえてどうなることかと、暗澹たる思いに沈んでいた。しかし、貴兄の言うとおり、充電期間と割り切り、しばらくは休養して他日を期したいと考えている。その間に再就職のめども立つだろう。身の振り方が決まり次第、連絡します。

友情に感謝している。本当にありがとう。

激励状の常用類句

- お勤めの会社が倒産したと承りました
- 長年の事業が水泡に帰されたとの報に接し、驚きいりました
- このたびの出来事、まさに青天の霹靂で、いまだ信じがたい思いがしております
- 胸中のほどお察し申し上げます
- 落胆のほどお察しいたします
- お慰めの言葉もございません
- 一度のつまずきくらい、長い人生においてはどうということはありません
- 人生は山あり谷あり、陽のあたらない日だってあるものです
- 人生の一つの転機と考え、今回の出来事を開運へのステップにしてください
- 失敗から何を学ぶかが大切です
- 必ずや捲土重来されるものと存じます
- さらに大きくなって甦られることと存じます
- 果敢なる挑戦を期待いたしております

贈答のはがき

お中元やお歳暮、その他のお祝いの品、プレゼントなどは、本来は直接持参して手渡すべきものです。とはいえ、多忙な場合や、遠隔地の人に贈り物をする場合もあるので、これは現実的には無理でしょう。そこで、現在では、デパートなどから配送してもらうのが一般的になっています。

ただ、その場合でも、挨拶状（贈り状）を添えるのが礼儀。たんに品物だけが送られてくるよりは、たとえ短くてもメッセージが添えられているほうが、贈り主の気持ちもより伝わるものです。

また、お中元やお歳暮は広く習慣化しているので贈り状は必要ないとする考え方もあるようですが、贈り状を添えたほうがより丁寧です。

◆ポイントと注意点

①相手がとまどわないように、贈る理由（お中元とかお歳暮とか）を明記する。発送日、品名を付記したほうがよい。

②贈り物が主で贈り状は従なのだから、あまりもったいをつけた文章にならないように。

③日頃お世話になっているお礼と感謝の気持ちをこめて書く。

④地方の名産品などで先方になじみの薄い品の場合は、食べ方、調理法、保存法などを説明する配慮もほしい。

⑤儀礼的なものや目上の人に対しては、時候の挨拶などもきちんと書くほうがよい。

⑥品物と贈り状は同じ日に着くのが理想。品物よりも遅くならないように早めに出す。

①拝啓　向暑の候、お変わりなくお過ごしのことと存じます。
②日頃はなにかとお世話になり、ありがとうございます。つきましては、感謝の気持ちのしるしとしてお中元を別送いたしました。ご受納いただければ幸いでございます。
③まずはお中元のご挨拶まで。
敬具

ワンポイントアドバイス

基本型
お中元の贈り状

①＝前文　儀礼的な贈り状の場合は時候の挨拶などもきちんと書いたほうがよい。

②＝主文　贈る理由も、たとえば左の例のように「お中元として」などと明記する。

日頃のお世話に対する感謝の念をこめるべきだが、もったいをつけるのは禁物。さらっとした文章を心がけるように。

③＝末文

①ご無沙汰していますが、お変わりありませんか。
②主人の転勤で沖縄に移り住んで三カ月、ようやく当地での生活にも慣れてきました。本日、御地では珍しい○○をお送り致しました。「名産にうまいものなし」と申しますが、どうかご賞味してみてください。
③時節柄、お身体くれぐれもお大切に。
かしこ

基本型
名産品の贈り状

①＝前文

②＝主文　贈り物には、発送日、品名も付記するほうがよい。

例のように名産品を贈る場合で、先方になじみが薄いと思われる場合は、調理法、保存法などを書き添える心遣いがほしい。

ただし、押しつけがましくならないよう、簡潔明瞭に。長ったらしい文章はもったいをつけているとも思われかねない。

③＝末文

お中元の贈り状 例文

◆一般的なお中元の贈り状①◆

拝啓　日々暑さが募っておりますが、皆様にはますますご健勝のことと存じます。

平素はいろいろとお世話になり、厚く御礼申し上げます。本日、お中元のしるしまでに心ばかりの品をお送りいたしましたので、なにとぞご笑納くださいますようお願い申し上げます。

まずは右、お中元のご挨拶まで。

敬具

◆一般的なお中元の贈り状②◆

拝啓　向暑の候、お変わりなくお過ごしのことと拝察いたします。

常日頃は格別のご芳情を賜り、感謝申し上げます。つきましては、お中元のしるしまでに○○をお送りいたしました。どうぞご賞味くださいませ。

まずはご案内かたがたご挨拶まで。

敬具

◆両親へのお中元の贈り状◆

暑い日がつづきますが、その後お変わりありませんか。当方、皆元気でやっておりますのでご安心ください。

今日、家族そろってデパートへ出かけ、○○をお送りしました。ほんのお中元のしるしですので、気がねなくお受け取りください。

暑さはこれからが本番、お身体お大切になさってください。

◆仲人へのお中元の贈り状◆

謹啓　厳しい暑さがつづいておりますが、お変わりなくお過ごしでございましょうか。日頃はなにかとお世話になりながら、ご無沙汰に打ちすぎ申し訳ございません。

お礼とお詫びの意を兼ね、お中元を別送いたしましたので、なにとぞご笑納くださいませ。

本来なら品物持参でご挨拶に参上すべきところ、略儀にて失礼申し上げます。

敬具

◆恩師へのお中元の贈り状◆

謹啓　暑さも日ごとにつのってまいりましたが、先生にはその後お変わりございませんでしょうか。おうかがい申し上げます。

暑中お見舞いを兼ねまして、本日、当地名産の○○をお送りいたしましたので、ご賞味くださいますようお願い申し上げます。

向暑のみぎり、ご健康には十分にご留意なさいますようお祈りいたします。

敬具

お中元の礼状

拝啓　梅雨明けとともに猛暑の到来ですが、皆様にはお変わりなくご健勝のご様子、なによりと存じます。

さて、このたびは結構な品をお送り頂き、まことにありがとうございました。いつもながらのご芳情、恐縮に存じます。

向暑の折柄、ご自愛のほど願い上げます。

まずはとりあえず御礼まで。

敬具

お中元の贈り状の常用類句

- 梅雨明けを待ちかねたように暑い日がつづいておりますが、お変わりございませんか
- 猛烈な暑さにむかっておりますが……
- 連日、厳しい暑さですが……
- 日頃なにかとお世話になっておりますお礼に、本日お中元をお送りいたしました
- 感謝の意をこめお中元を別送いたしました
- お中元のご挨拶がわりに○○を□□デパートより届けさせました
- 別便でお送りいたしました品は、珍しくもございませんが、お中元のしるしでございます
- ご無沙汰のお詫びとお中元のご挨拶にと、当地の名産を少々お送り申し上げました
- いつも同じ品でお恥ずかしいのですが……
- お中元のご挨拶に上がるべきところ、失礼ながら、品物だけお送り申し上げます
- お納め頂ければ幸いです
- なにとぞご受納くださいますように

お歳暮の贈り状 例文

◆一般的なお歳暮の贈り状①◆

拝啓　年の瀬も押しつまり、お忙しい日をお過ごしのことと存じます。本年もなにかとお世話になり、ありがたく厚く御礼申し上げます。

本日、日頃のご芳情に感謝いたしまして、お歳暮のしるしまでに○○をお送りいたしました。ご笑納頂ければ幸いでございます。

右、略儀ながら歳末のご挨拶まで。

敬具

◆一般的なお歳暮の贈り状②◆

謹啓　今年も残り少なくなりましたが、皆様にはお変わりございませんでしょうか。

さて、別便でお送りいたしました○○、変わりばえのしないものでお恥ずかしいのですが、暮れのご挨拶代わりでございます。ご笑納のほどお願い申し上げます。

まずは右、歳末のご挨拶まで。

敬具

◆両親へのお歳暮の贈り状◆

日ごとに寒くなってきましたが、お変わりありませんでしょうか。私どもは全員元気です。

今日、別便にて○○をお送りしました。ほんのお歳暮のしるしです。気にいってくださるといいのですが……。お正月には全員で帰省するつもりですので、その節はよろしくお願い申し上げます。

向寒の折柄、ご自愛ください。

◆家庭教師へのお歳暮の贈り状◆

拝啓　今年もいよいよ押し詰まってまいりましたが、先生にはお変わりなくご活躍のことと存じます。

日頃は娘がなにかとお世話になり、厚くお礼申し上げます。つきましては、お礼と暮れのご挨拶のしるしまでに、心ばかりの品を別送いたしましたので、ご受納ください。

今後ともよろしくお願いいたします。　敬具

◆仲人へのお歳暮の贈り状◆

拝啓　本年も残りわずかとなりましたが、ご健勝にてお過ごしのことと存じます。平素はご無沙汰ばかりで申し訳ございません。私たちもお蔭様で大過なく過ごしております。

　本来なら直接ご挨拶に上がるべきところ、失礼とは存じますが、心ばかりのお歳暮をお送り致しましたので、ご受納頂ければ幸いです。

時節柄、ご自愛のほど願い上げます。

敬具

お歳暮の礼状

拝啓　年末も押し迫り、ご多忙中のところ、先日は結構な品をご恵贈いただき、まことにありがとうございました。頂戴しました○○はお正月の支度に重宝いたします。いつもながらのご芳情に心より厚く御礼申し上げます。

　今冬は寒気ことのほか厳しいとか、くれぐれもお身体お大切に、良いお年をお迎えください。

まずは右、とりあえず御礼まで。

敬具

お歳暮の贈り状の常用類句

- 今年もあとわずか、なにかとご多忙のことと存じます
- なにかと気ぜわしい時期となりましたが……
- お歳暮のしるしまでに○○をお送り申し上げました
- 歳末のご挨拶がわりに当地名産の○○を本日お送りいたしました
- お歳暮というほどのものではございませんが、○○百貨店より□□を届けさせました
- ひとかたならぬご厚情をたまわりました感謝のしるしまでに○○を拝送申し上げました
- 日頃のお世話に感謝申し上げ、お歳暮のしるしまでに心ばかりの品を別送いたしました
- 暮れのご挨拶に参上すべきところ、略儀ながら品物だけお送り申し上げました
- いつも同じ品でお恥ずかしいのですが……
- お納め頂けますようお願い申し上げます
- ご健勝にて新春をお迎えなさいますよう……

その他の贈り状 例文

◆友人への名産品の贈り状◆

拝啓　ご無沙汰していますが、変わりありませんか。当方、大過なく消日しております。

さて、当地に転勤して本場の○○のうまさを認識、貴兄にもぜひ味わってもらいたく、本日宅配便にて別送しました。賞味してみてください。酒の肴になかなかいけると思います。

まずは右、お知らせまで。

敬具

◆旅先からの土産物の贈り状（女性）◆

現在、主人と北陸を旅行中です。雪模様の毎日でお天気は今ひとつですが、日本海の海の幸はさすがに美味。舌鼓を打ちつつ、グルメを気取っています。

この味をあなたにも賞味していただきたく、とれたての松葉ガニを送りました。皆様で召し上がってくださいませ。

かしこ

◆プレゼントの贈り状（女性）◆

雪の便りもぼつぼつ聞こえはじめた今日このごろ、お変わりございませんでしょうか。

今日、別便にてお父様とお母様にペアのセーターをお送りしました。私の手編みです。ちょっと派手かもしれませんが、まだまだお若いお二人。仲良くお召し頂ければ幸いです。

寒い日がつづきますが、お風邪など召さぬよう、どうか暖かくなさってください。

◆友人への誕生プレゼントの贈り状◆

○○さん、お誕生日おめでとう。
直接お祝いに駆けつけたいところですが、遠隔地ゆえご勘弁ください。その代わりといってはなんですが、心ばかりのささやかな品をお送りしましたので、お受け取りください。ご愛用いただければ幸いです。

はるかに、ご健康とご多幸を心よりお祈り申し上げております。

◆クリスマスプレゼントの贈り状◆

MERRY CHRISTMAS

ご無沙汰していますが、お変わりございませんでしょうか。

今年もクリスマスシーズンが到来、街中にはジングルベルの曲がにぎやかに流れています。ご一緒に祝えるといいのですが、それもままならない状況なので、プレゼントを別送しました。お受け取りください。お元気で。

贈り物の礼状

拝啓　ご無沙汰いたしておりますが、皆様ご健勝の由、なによりでございます。

さて、このたびはわざわざ結構な品をお送りくださり、ありがとうございました。いつもお心にかけて頂き、感謝の言葉もございません。○○は家族全員の大好物、一同大喜びでございます。早速、賞味させて頂いております。

まずは右、とりあえずお礼まで。

敬具

その他の贈り状の常用類句

- 当地ではありあまるものも、御地ではお珍しかろうと存じ、○○をお送り申し上げました
- 田舎から名産の○○を沢山送ってまいりましたので、お福分けいたしたく……
- 本場の○○の新鮮な味覚を楽しんでいただきたく、ほんのわずかではございますが……
- 昨日の釣行の成果、貴兄の酒の肴にでもなればと思い別送いたしました
- 旅先でちょっと珍しいものを入手いたしましたので……
- お土産のしるしとして、○○名物といわれる□□を別便でお送りいたしました
- ○○がお好きとの言葉を聞きおよび、たまたま手に入りましたので……
- 出張先でこれはと思う珍味に接しましたので、お口よごしとは存じますが……
- ご受納くださいますようお願い申し上げます
- なにとぞよろしくお納めください

結婚関係のはがき

結婚は人生における最大のイベントのひとつなのですから、結婚式・披露宴の招待状、媒酌人への依頼状や礼状、祝詞の依頼状などは封書にするのが礼儀です。

もっとも、婚約の通知状、結婚の挨拶状、新婚旅行先からの便り、親しい人への婚約・結婚の祝い状などは、はがきにしても失礼にはならないでしょう。

◆ポイントと注意点

①形式にとらわれないユニークなものでもかまわないが、度を越すのは禁物。喜びの気持ちを表わしつつも、節度ある文面に。

②用字・用語も通常のはがきより慎重に選ぶようにする。

③結婚挨拶状には旧姓を付したほうが親切。

④返事を求めるものではないので、知らせたい用件を明確かつ要領よく書く。

⑤時機を失しないよう、なるべく早く出す。

⑥印刷する場合でも、ひと言でもよいから自筆で添えるようにする。

⑦次のような、不吉なことを連想させる忌み言葉、再婚を連想させる重ね言葉を使わないように注意する。

◆飽きる／浅い／薄い／うとんじる／終わる／帰す／返す／帰る／重ねる／切れる／嫌う／壊れる／去る／死ぬ／出る／離れる／冷える／再び／亡びる／滅びる／戻る／破れる／敗れる／病む／分かれる／別れる

◆いろいろ／返す返す／重ね重ね／しみじみ／しばしば／たびたび／またまた

①拝啓　秋冷の候、皆様にはますますご健勝のこととお慶び申し上げます。
②さて、私ども、このたび深港春雄様ご夫婦のご媒酌により、九月十七日に結婚致しました。
③今後とも一層のご指導のほどお願い申し上げます。
敬具
平成○年九月吉日
渡辺　威弘
(旧姓川島) 泰子

ワンポイントアドバイス

基本型
結婚の通知状》

①＝前文　婚約や結婚の通知（挨拶）状では、通常前文は省略しない。

②＝主文　印刷するケースが多いが、やはりひと言自筆で書き添える心遣いがほしい。

文面は多少型破りなものでもさしつかえないが、出すのは友人程度にしたほうが無難。目上の人に対してはそれなりの節度が必要。相手を考えて。

③＝末文

②○○さん、ご婚約おめでとうございます。ご両親様もさぞお喜びでございましょう。心からお祝い申し上げます。
挙式まであと五カ月。待ち遠しいことでしょうね。本当にうらやましいかぎり。近いうちにお祝いにうかがい、甘〜いお話をたっぷり聞かせていただきます。
③とりあえずお祝いまで。

基本型
婚約の祝い状

前文は省略　婚約や結婚の祝い状は、他の祝い状と同様、前文を省いてもさしつかえない。むしろ、いきなりお祝いの言葉から書き出したほうが、こちらの気持ちも伝わりやすい。

②＝主文　離婚や再婚を連想させる忌み言葉、重ね言葉を使わないように注意することも大切。

③＝末文

婚約の通知状 例文

◆一般的な婚約の通知状（本人連名）◆

拝啓
　菊の香薫る好季節となりましたが、皆様には
ご清祥のこととお慶び申し上げます。
　さて、私たち両名は、このたび下村勝一様ご
夫妻のお力添えにより、婚約いたしましたので
お知らせ申し上げます。
　結婚の儀は来春四月を予定しております。
　なにぶん二人とも若年の未熟者同士でござい
ます。今後とも一層のご指導とご鞭撻を賜りま
すよう、お願い申し上げます。
敬具
　平成○年十月吉日
渡辺　威弘
川島　泰子

◆一般的な婚約の通知状（双方の父親名）◆

謹啓　陽春の候、皆様にはますますご清栄のこ
ととお慶び申し上げます。
　さて、このたび、
　渡辺一郎　長男　威弘
　川島義雄　長女　泰子
の婚約が相整いましたのでお知らせ申し上げま
す。何分、未熟な若い二人ゆえ、今後ともよろし
くご指導のほど、両名になりかわりましてお願
い申し上げます。
敬具
　平成○年三月吉日
渡辺　一郎
川島　義雄

◆友人への婚約の通知状（女性）◆

すっかり秋めいてきましたが、その後お変わりございませんでしょうか。

さて、突然ですが、びっくりしないでね。ついに婚約しました。相手は大学時代のサークルの二年先輩で、○○銀行にお勤めしています。結婚式は来春四月二十九日の予定です。改めてご招待状をお送りしますから、必ず出席してね。

まずはとりあえず婚約のお知らせまで。

◆先輩への婚約の通知状◆

拝啓　長らくご無沙汰いたしておりますが、お元気にご活躍のことと存じます。

さて、突然ですが、このたび小生も結婚を決意、婚約いたしました。相手は島田瑞枝と申しまして、同じ職場の後輩です。挙式の正確な日時は未定ですが、来年五月頃を考えています。決定次第、ご案内いたしますので、その節はよろしくお願い申し上げます。

敬具

婚約の通知状の常用類句

- 今日は嬉しいお知らせがございます
- 私ごとで恐縮ですが……
- いろいろお心遣いいただきましたが……
- 私たち二人、このほど婚約しました
- 私たち両名、このたび○○様ご夫妻のお力添えにより、婚約いたしました
- 私たち結婚を決意しました
- お蔭様でこのたび婚約が整いました
- あちらのご両親も賛成してくれまして……
- 挙式は○月○日を予定いたしております
- 挙式の日取りが決まりましたら連絡をさしあげますので、ぜひ出席してください
- 取りあえず婚約のお知らせをいたします
- いずれ両人を連れてご挨拶に伺いますが、まずは書中をもってご報告申し上げます
- 未熟な二人ですが、末長くご指導賜りますようお願い申し上げます
- これまでのお心遣いに感謝申し上げます

結婚の挨拶状・礼状　例文

◆一般的な結婚の挨拶状◆

拝啓　桜花の候、皆様にはいよいよご清祥のこととお慶び申し上げます。

さて、私ども、このたび小林秀夫・芳江様ご夫妻のご媒酌を賜り、四月二日に結婚式を挙げました。

至らぬ私どもでございますが、今後とも従前同様のご指導とご鞭撻を賜りますよう、よろしくお願い申し上げます。

敬具

平成○年四月吉日

森川　誠一

（旧姓山本）雅子

◆転居通知を兼ねた結婚の挨拶状◆

拝啓　中秋の候、皆様にはいよいよお元気にお過ごしのことと存じます。

さて、私たち二人、このたび太田浩二様ご夫妻のご媒酌により、十月三日に結婚いたしました。今後とも一層のご指導とご厚誼を賜りますようお願い申し上げます。

なお、左記に新居を構えましたので、併せてご通知申し上げます。お近くへおいでの節はぜひお立ち寄りください。

敬具

平成○年十月吉日

〒○　板橋区赤塚新町三―三―○―○○

工藤　彰一

（旧姓川合）裕子

◆披露宴に出席した知人への礼状◆

拝啓　紅葉の候、ますますご健勝のことと存じます。

さて、先日は私どもの結婚に際し、ご丁寧なご祝詞を賜りましてありがとうございました。心にしみるお言葉の数々、深く肝に銘じてこれからの人生を歩んでまいりたいと思います。つきましては、今後とも一層のご指導ご鞭撻を賜りますようお願い申し上げます。

敬具

◆祝電への礼状◆

拝啓　新緑の候、ますますご清祥のこととお慶び申し上げます。

さて、過日は私どもの結婚に際し、心温まるご祝電を頂戴いたし、まことにありがとうございました。

お寄せくださいましたご芳情に感謝いたすとともに、未熟な二人に末永いお力添えをお願い申し上げます。

敬具

◆新婚旅行先から両親への礼状◆

お父さん、お母さん、結婚式には本当にお世話になり、ありがとうございました。心から感謝申し上げます。

今日の昼過ぎ、無事、予定どおりにオーストラリアに到着しました。季節が日本とは逆の当地は、今、夏の真っ盛り。青い空、青い海、気分は最高です。真っ黒になって帰ります。お土産を期待していてください。

結婚の挨拶状・礼状の常用類句

- 私ごとながら、嬉しいお便りを差し上げます
- 私たち二人、恩師○○先生ご夫妻のご媒酌を頂き、○月○日に結婚いたしました
- 私ども、かねてよりの交際が実を結び、○月○日、ハワイの教会にて二人だけの結婚式を挙げました
- ○○教会で友人立ち会いのもと、簡単な結婚式を挙げました
- かねて交際中だった○○と、故郷の○○にて近親内輪の者だけで挙式いたしました
- 明るく温かい家庭を築きたいと念じています
- 皆様のご芳情にそむかぬよう、力を合わせて新しい人生を歩んでまいりたいと存じます
- 結婚に伴い左記にささやかな新居をかまえました
- お近くにお出かけの折はぜひお立ち寄りいただきたく、お待ち申しております
- 一層のご厚誼のほどお願い申し上げます

婚約・結婚の祝い状 例文

◆姪への婚約の祝い状(女性)◆

○○さん、おめでとう。かねてからご交際中だった□□さんとのご婚約が整われた由、お母様からうかがい、わがことのように嬉しく思っています。ご両親のお喜びもさぞかしでしょう。お式は○月とか、待ち遠しいわね。

心ばかりのお祝いの品を別便で送りましたから、受け取ってください。

かしこ

◆友人への婚約の祝い状◆

びっくりするような書状拝受。どこかの美人と密かに交際していることは薄々察していたが、学生時代にミス・キャンパスといわれた○○さんと婚約するとは……。おまけに先まで越されてしまった。無念やるかたないが、おめでたい婚約とあっては我慢するしかないか。

おめでとう。近々、祝杯をあげようや。

◆知人への婚約の祝い状◆

拝啓　春暖の候、いよいよご清祥のことと拝察いたします。

さて、ご令嬢○○様にはこのたびご良縁整われ、今秋に華燭の典を挙げられる由、まことにおめでたく、心よりお祝い申し上げます。別便にて心ばかりのお祝いの品をお送りいたしましたので、なにとぞご笑納頂きたく存じます。

まずは右、お祝いまで。

敬具

◆知人への結婚の祝い状◆

拝啓　錦綾なす候、ご令息○○様には、このたび良縁を得られ、めでたくご結婚なされた由、心よりお喜び申し上げます。ご両親様のご満足もさぞやと拝察いたしております。

私どものお祝いの気持ちとして、ささやかな品をお送りいたしましたので、ご笑納くださいますようお願い申し上げます。

略儀ながら書中にてお祝いまで。

敬具

◆友人への結婚の祝い状（女性）◆

○○さん、ご結婚おめでとうございます。お二人の門出を心からご祝福申し上げます。
残念ながら、ご披露宴には出席できませんでしたが、あなたのウエディングドレス姿、目に浮かぶようです。さぞ清楚で美しかったことでしょうね。ぜひ拝見したかったわ。

近いうちにあらためてお祝いにうかがいます。

どうかお幸せに。

◆後輩への結婚の祝い状◆

○○君、結婚おめでとう。
嬉しい便り、本日受け取りました。心からお慶びを申し上げます。披露宴の写真を拝見したが、美人で理知的なお嬢さんではないか。いったい、どこで見つけたんだ。○○と畳は新しいほどいいというけど、ホントうらやましい。

円満な家庭を築いてください。ご多幸をお祈りしております。

婚約・結婚の祝い状の常用類句

- お二人のご婚約に心からの祝福を送ります
- このたびめでたくご結婚、新居をかまえられた由、心よりお祝い申し上げます
- 素晴らしいカップルの誕生をご祝福します
- ご本人はもとより、ご家族の皆様のお喜びもひとしおと存じます
- さぞ理想的なカップルと拝察いたします
- 良き伴侶を得られ、お仕事も一段と発展なさることと存じます
- 晴れのゴールイン、お二人の満ちあふれんばかりの喜びが伝わってくるようです
- 新しい人生の船出に盛大な拍手を贈ります
- ささやかなお祝いの品を別送いたしましたので、ご受納ください
- 素晴らしい家庭を築かれるよう、お祈り申し上げます
- 末永いご多幸とご繁栄をお祈り申し上げます
- 幾久しいお幸せをお祈りいたします

お詫びのはがき

お詫びのはがきは、なかなか書きにくいし、いざ書こうと思っても気が重いものです。しかし、約束を破ったり、過ちを犯したりして相手に迷惑をかけたときは、非のあるところは素直に認めて、謝罪するのが礼儀でしょう。

内容的には、心から反省し、誠意をもって詫び、同じ過ちは二度と犯さないように努める、という構成になります。謙虚に相手の許しを請うような誠意ある文章は好感をもたれますが、通り一遍の文面では逆効果になりかねません。心してください。

詫び状は、基本的には封書にすべきですが、謝罪する内容によってははがきでもさしつかえないでしょう。ただし、目上の人に対しては封書にしたほうが無難です。

◆ポイントと注意点

①一日延ばしにしていると、ますます書きにくくなるばかりか、謝罪するタイミングをも失ってしまう。思い切って、できるだけ早く出すこと。場合によっては速達にするくらいの心遣いが必要。

②自らの非をいさぎよく認めて、率直に謝罪すること。

③たとえ、やむをえない事情があっても、言い訳や弁解、負け惜しみ、第三者への責任転嫁などは禁物。

④品物を汚したり、壊したりした場合は弁償の方法についても言及する必要がある。

⑤時候の挨拶、安否の挨拶などは省略してもさしつかえない。

①前略　②先日拝借いたしましたDVD、大変参考になりました。感謝申し上げます。早速にご返却すべきところ、多忙にまぎれてつい延び延びになってしまい、心よりお詫び申し上げます。今度の土曜日にお返しに参上いたしますので、なにとぞご容赦くださ い。
③右、御礼かたがたお詫びまで。　草々

ワンポイント アドバイス

基本型
返却遅延の詫び状

①＝前文省略　時候の挨拶、安否の挨拶など前文は省略するのが一般的。

②＝主文　詫び状は、出ししぶっているとタイミングを失うばかりで、ますます億劫になってしまう。

自分の非を率直に認め、できるだけ早く、誠意をもって謝罪する気持ちが大切。速達を利用するのもひとつの方法。

③＝末文

②本日ははるばるお越し頂きましたのに、留守をいたしておりまして申し訳ございませんでした。
つい今しがた帰宅して貴兄のご来訪を知った次第で、久久の再会が果たせず、残念な思いにかられております。これにこりず、次に上京の折にはぜひお立ち寄りください。
③取り急ぎお詫びまで。

基本型
不在の詫び状

前文は省略　詫び状に前文は不要。

②＝主文　右の例のように、自分の側に非がない場合でも、相手の足労に対して詫びる気持ちがほしい。それが人間関係を円滑なものにする。

いずれにせよ、詫び状では、言い訳や弁解、第三者への責任の転嫁などは絶対に禁物と心得るべき。

借用品を汚損した場合は、弁償の方法についても言及する。

③＝末文

遅延・延引の詫び状 例文

◆書物返却の遅延の詫び状◆

先日は大切なご蔵書をお貸し頂きありがとうございました。ご返却が遅れ、申し訳ございません。もう少し早く読了できるものと思っておりましたが、予想以上に時間を取られてしまいました。今週末、お返しに参上いたします。

今しばらくのご猶予をお願いするとともに、心から遅延のお詫びを申し上げます。

◆傘返却遅延の詫び状◆

拝啓　先日は傘を拝借いたし、ありがとうございました。お蔭様で大変助かりました。早速お返しにあがらなければならないのですが、つい多忙にとりまぎれ、申し訳ございません。今度の日曜日には必ずお返しにまいりますので、今しばらくのご猶予をお願いいいたします。

右、お礼かたがたお詫びまで。

敬具

◆返事の遅延の詫び状①◆

○○同好会へのお誘い、ありがとうございました。お返事が遅くなって申し訳ございませんが、今回はひとまずご辞退申し上げたいと存じます。

テニスの魅力と時間不足の板挟み、入会すべきか否かで迷い、こんなにもお返事が遅れてしまいました。なにとぞお許しくださいますようお願い申し上げます。

◆返事の遅延の詫び状②◆

前略　お問い合わせの帰省の日程の件、返事が遅くなり申し訳ございません。夏期休暇は交代で取るため、なかなか調整がつかず、すっかりご迷惑をおかけしました。

八月十～十六日まで、実家で過ごします。外出の予定はとくに立てていませんので、貴兄の都合のよい日にご連絡ください。

再会を楽しみにしています。

草々

◆頼まれ事の延引の詫び状◆

前略　お申し越しのアパートの件、ご連絡が遅くなり、申し訳ございません。現在、心当たりを二、三尋ねているところです。

恐らく、あと一週間ほどでメドがつくと思いますので、事情ご賢察のうえ、いましばらくのご猶予を頂きたいと存じます。

まずは延引のお詫びかたがた、現況のほどをお知らせ申し上げる次第です。　草々

遅延・延引の詫び状の常用類句

- 催促のお手紙を頂き、恐縮至極に存じます
- 先日は無理なお願いをお聞き届けいただき、本当にありがとうございました
- 先日はご丁重なお誘い状をたまわり、ありがとうございました
- 早々にお返しすべきところ、こんなにも遅くなってしまい申し訳ありません
- 期日までにお返しできず、まことに申し訳なく、心よりお詫び申し上げます
- お返事が遅れましたこと深くお詫びします
- まことに弁解の余地もございません
- 再度のお願いでまことに身勝手とは存じますが、○日までご猶予頂ければ幸いです
- まことに申し上げにくいのですが、あと十日間ほどお待ちいただけませんでしょうか
- 身勝手ながらご勘弁のほど願い上げます
- 事情をお察しのうえ、ご了承くださいますよう、伏してお願い申し上げます

紛失・汚損の詫び状　例文

◆書物紛失の詫び状◆

突然お詫びしなければならないことができてしまいました。先日拝借しました『○○』という本、通勤途中に面白く読ませていただいていたのですが、車内にでも置き忘れたのか、どこを探しても見つかりません。面目ありません。

同一書を求めますので、お許し願えないでしょうか。身勝手なお願いですがなにとぞお聞き届けください。取り急ぎお詫びとお願いまで。

◆傘紛失の詫び状◆

急ぎお詫びを申し上げます。昨日お宅にうかがったときお借りした傘、タクシーに置き忘れたようです。タクシー会社にも問い合わせたのですが、忘れ物の届けはなかったそうです。

まことに申し訳ありませんが、新しい傘でご勘弁願えないでしょうか。本当にすみません。

◆カメラ紛失の詫び状◆

先日は快くカメラをお貸しくださいまして、ありがとうございました。そのカメラ、私の不注意から旅先で紛失してしまいました。ご愛用の品と存じながら、お詫びのしようもない粗相をいたし、申し訳ございません。

勝手なお願いで恐縮ですが、同一機種で弁償するということでご容赦願えませんでしょうか。なにとぞご勘弁のほど願い上げます。

◆書物汚損の詫び状◆

お許しを得なければならないことがあり、急ぎペンをとりました。先日借用いたしましたご本、うっかりコーヒーをこぼしてシミをつくってしまいました。現在では入手不可能な書物ですので、いかにお詫びすべきか思案に暮れております。

どのような償いをいたせばよいのか、ご指示いただけますようお願い申し上げます。

◆DVD汚損の詫び状◆

先日は貴重なDVDをお貸しくださり、ありがとうございました。

実は大変申し訳ない事態が起こりました。子供がケースにマジックインクでいたずら書きをしてしまったのです。DVDそのものに損傷はありませんが、お詫びの申しようもありません。どのような償いをすればご容赦願えますものか、ご指示願いたくおうかがい申し上げます。

◆借用した時計損傷の詫び状◆

まずお詫びを申し上げます。先日お借りしましたトラベルウオッチのガラス部分にひびをつくってしまいました。まことに申し訳なく、心からお詫びいたします。

ただいま修理に出しておりますが、もし元通りにならない場合は同じ時計を弁償させていただけないでしょうか。身勝手な申し条ではございますが、よろしくお願い申し上げます。

紛失・汚損の詫び状の常用類句

- お詫びしなければならないことができまして一筆申し上げます
- ご寛恕願いたき事態が起こり、急ぎお便り差し上げます
- ご貸与にあずかりました○○を電車の網棚に置き忘れてしまいました
- 旅行中に部品の一部を紛失してしまいました
- ○○を損傷してしまいました
- 目下、鋭意探してもらっておりますが、なんともお詫びの申し上げようもございません
- 取り返しのつかないことをしてしまい、まことに申し訳なく存じます
- 大切なお品を傷つけ、お詫びの言葉もございません
- ご愛用の○○を汚損してしまい……
- かけがえのない品をなくしてしまい……
- 取り急ぎ書面にてお詫び申し上げる次第でございます

不在・無沙汰の詫び状 例文

◆不在の詫び状①◆

前略　昨日はせっかくのご来訪を無駄にさせてしまい、申し訳ございませんでした。

折悪しく野暮用があり、外出していた次第です。しばらくお会いしていなかっただけに、久し振りに一献酌み交わせたのにと残念でなりません。週末ならたいてい在宅しておりますので、これにこりず、ぜひお越しください。

草々

◆不在の詫び状②◆

前略　本日は失礼いたしました。

わざわざお立ち寄りくださいましたこと、帰宅して家人より聞きました。遠路はるばくお越しいただきましたのに、家を空けておりましてなんとも申し訳ございませんでした。

これにこりませず、またのご来訪をお願い申し上げます。

草々

◆友人への不在の詫び状◆

本日は本当に残念だった。

せっかく訪ねてくれたのに、不在でまことに申し訳なかった。ほんのひと足違いだったらしい。帰宅後すぐに駅に駆けつけたのだが、君の姿は見えずじまい。積もる話もあったのに、返す返す残念でならない。

今度訪ねてくれるときは事前に連絡してほしい。万難を排して待っている。ではまた。

◆両親への無沙汰の詫び状（女性）◆

日頃はご無沙汰ばかりで申し訳ありません。

暑さも厳しくなってきましたが、お父さん、お母さんにはお変わりございませんでしょうか。

私方、主人も子供も元気に消日しておりますから、ご休心ください。お盆の頃、一家で帰省しますので、その節はよろしくお願いいたします。

時節柄、お身体お大切になさってください。

かしこ

◆仲人への無沙汰の詫び状◆

新緑の候、ますますご健勝のことと存じます。

ときどき近況をご報告しなければと気にかけながら、つい家事と育児にとりまぎれてご無沙汰いたし、申し訳なく存じます。お蔭様で家族全員、元気に過ごしておりますので、他事ながらご安心くださいませ。梅雨入りも間近、ご自愛のほどをお祈り申し上げます。

ご無沙汰のお詫びかたがた近況のご報告まで。

不在・無沙汰の詫び状の常用類句

- 貴重な時間をさかれて、わざわざお訪ねくださいましたのに……
- お寒いなかをご来訪いただきましたのに……
- せっかくのご来訪を無駄足に終わらせる結果になり、本当にすみませんでした
- まさかおいでくださるとは予想もせず、大変失礼いたしました
- 久々に歓談したかったのですが……
- 私もぜひお目にかかりたかったのですが……
- いつでもお会いできるという気安さから、ついついご無沙汰してしまい、まことに申し訳なく思っております
- 日々の雑事に追われ、ついお便りもおろそかになりがちで申し訳ございません
- 便りがないのは良い便りとは申せ、長らくのご無沙汰お許しください
- 近々のお越しをお待ち申しております
- まずはご無沙汰のお詫びを申し上げます

失言・失態の詫び状 例文

◆失言の詫び状◆

　急ぎお詫び申し上げます。本日は大変失礼な発言をいたし、申し訳ございませんでした。全言を撤回いたしますとともに、心よりお詫び申し上げます。つい冷静さを失い、貴兄のプライバシーにまで言及しましたこと、ただただ恥じ入るばかりでございます。

　お怒りはごもっともと存じますが、なにとぞご寛恕のほど、伏してお願い申し上げます。

◆友人への失言の詫び状（女性）◆

　○○さん、今日は本当にごめんなさい。つい感情的になり、心にもないことを言ってしまいました。あなたを傷つけてしまったこと、深く反省しています。謝ってすむものとは思いませんが、これまでの付き合いに免じて、どうかお許しください。お願い申し上げます。

◆酒席での失言の詫び状◆

前略　昨夜は貴殿に対して暴言をはきましたこと、深くお詫び申し上げます。

　酒のうえとは申せ、小生の傲慢さが言わせた失言、まことに恥ずかしく心より反省いたしております。なにとぞ平にご容赦ください。

　本来なら即刻お詫びに参上すべきところですが、日頃のご厚誼に甘え、書面にてお詫び申し上げますこと、お許し願いとう存じます。　草々

◆虚言の詫び状◆

謹啓　早速ながらお詫びしなければならないことがあり、ペンをとりました。

　昨日、○○の邦訳本はないと申しましたが、実は、かや書房から一冊だけ『□□□』というタイトルで出版されています。勘違いから虚言を申し上げ、申し訳ありませんでした。

　お恥ずかしいかぎりですが、なにとぞご容赦ください。

敬具

◆酒席での失態の詫び状①◆

昨夜は大変失礼いたしました。忘年会の二次会の席上、小生とんでもない酔態を演じ、皆様に不快な思いをさせましたこと、深く深くお詫び申し上げます。

酔いがさめた今は、恥ずかしさのあまり、穴があったら入りたい心境です。以後、二度とこのようなことがないように慎みますので、今回だけは何卒ご寛恕のほどお願い申し上げます。

◆酒席での失態の詫び状②◆

昨日の酒席ではご迷惑をおかけいたし、本当に申し訳ありませんでした。ご無礼の段、早々にお詫びいたしたく、一筆申し上げます。

酒は飲むとも飲まれるな、と申しますが、前後不覚に酔ったうえでの醜態、心から恥じ入っています。以後、自粛自戒いたしますので、なにとぞご寛恕くださり、変わらぬご交誼を賜りますようお願い申し上げます。

失言・失態の詫び状の常用類句

- 本日はまことに相すまぬことを申しました
- 昨夜はまことにお見苦しいところをご覧にいれてしまいました
- あのような暴言をはきましたこと、まことに申し訳なく、心から反省しております
- 貴兄の人格を傷つけ、名誉を損じましたこと、心よりお詫び申し上げます
- どのように非難されましても弁解の余地はなく、ただただお詫び申し上げる次第です
- 感情に走り、大兄の個人攻撃になりましたこと、お詫びの申し上げようもございません
- 酒の上とは申せ、あのような失言、なにとぞご寛恕頂けますようお願い申し上げます
- 我ながらあきれた振る舞い、どなた様にも顔向けできない心境でございます
- せっかくのご清遊の席を汚しましたこと、幾重にもお詫び申し上げます
- 書状を呈し、お詫び申し上げる次第です

違約・違背の詫び状 例文

◆訪問違約の詫び状◆

急啓　先日お約束いたしました三月五日の貴家ご訪問の件につき、急ぎご連絡申し上げます。

まことに申し訳ございませんが、急な出張を命ぜられ、おうかがいできなくなりました。当方からの申し出でご無理をお願いいたしましたのに、このような仕儀になり、深くお詫びいたします。事情ご賢察のうえ、なにとぞお許しくださいますようお願い申し上げます。

草々

◆クラス会欠席の詫び状◆

○○君、申し訳ない。クラス会に出席すると約束しておきながら欠席してしまったこと、心から謝ります。前日、母が急病で倒れ、病院に釘付けになっていました。そのような事情ですので、どうかご了解ください。次回のクラス会には必ず出席します。まずはお詫びまで。

◆旅行不参加の詫び状◆

前略　急ぎお詫び申し上げます。

先日の旅行、同行すると申し上げておきながら、お約束を違え、まことに申し訳ありませんでした。電話でもお話しした通り、母が緊急入院という突発事態が起き、お詫びもすっかり遅くなってしまいました。どうかご容赦ください。

これにこりず、従前同様のお付き合いをいただけますようお願い申し上げます。

草々

◆書籍貸与違約の詫び状◆

前略　貴兄にお貸しする約束をしました○○著『□□□』、確かにあったはずなのですが、どこを探しても見つかりません。確約しておりましたのにこのようなことになり、まことに申し訳なく、心からお詫び申し上げます。

再度、念入りに探してみますが、もしお急ぎでしたら、他の方にも当たって頂きたく、取りあえず一筆申し上げる次第です。

草々

◆カメラ譲渡違約の詫び状◆

急啓　過日お約束しましたカメラ譲渡の件につき、早急にお詫びすることがあり、ペンをとりました。お譲りするとお約束しましたが、実はレンズが破損していて使いものにならないことが判明しました。いったん確約しておきながらのこの仕儀、まことに申し訳なく、深くお詫び申し上げます。事情お察しのうえ、なにとぞお許しくださいませ。　草々

◆伝言失念の詫び状（女性）◆

○○さん、ごめんなさい。くれぐれもと申しつかりましたあなたのご伝言、不注意からすっかり忘れておりました。今となっては、何のお役にも立ちませんわね。□□さんにもご迷惑をおかけし、本当に申し訳ございません。許してください。

電話を差し上げたのですがお留守でしたので、取り急ぎはがきでお詫び申し上げます。かしこ

違約・違背の詫び状の常用類句

- お約束に背き、申し訳なく存じます
- 先日は約束の時間に行けず、大変ご迷惑をおかけいたしました
- よんどころない用事とは申せ、約束を破る結果になり、相すみませんでした
- あれほど確約しておきながら、お約束を破りお詫びの申しようもございません
- やむをえない仕儀でおうかがいできませず、ご迷惑をおかけしましたこと、心よりお詫び申し上げます
- 不覚を心よりお詫び申し上げます
- 年のせいか、まったく失念しておりました
- 万が一にもそのようなことはないと申しておりましたのに、弁解の余地はございません
- 不覚をただただお詫びするばかりです
- 前々からのお約束でまことに心苦しいのですが、お許し下さいますようお願いいたします
- 事情お察しのうえ、なにとぞご容赦ください

断りのはがき

相手の要望や依頼、勧誘などを断る難しさは、日頃から痛感していることでしょう。断りのはがきはそれを限られた文字数で表現しなければならないのですから、なかなか大変です。

程度の差はあれ、断りのはがきは相手の期待感を裏切り、失望感を与えるものであることをまず心得ておいてください。

相手を傷つけたり、それまでの交友関係にヒビが入ることのないように、好意的な申し出にたいしては感謝の言葉を忘れず、なおかつ詫びるつもりで書くようにします。

◆ポイントと注意点

①返事は早めに出す。出ししぶっていると、相手にいたずらに期待感を抱かせることになるし、迷惑をかけることにもなりかねない。

②断られる相手の気持ちを思いやりながら書くようにする。

③率直に断るべきだが、むげな断り方では反感をかいかねない。事務的な表現はひかえるように。

④かといって、あいまいな断り方や遠回しの表現では誤解されるおそれもあるので、断る理由は具体性を持たせて、簡潔に要領よく書く。

⑤はっきりとした理由がないときはウソも方便と割り切ることも必要、ただし見えすいたウソは相手を傷つけるだけ。相手が納得できるような理由でなければならない。

⑥相手の期待感を裏切るのだから、必ずお詫びの一文を盛り込むようにするのが礼儀。

⑦時候の挨拶などは省略するのが通例。

ワンポイント
アドバイス

①クラス会のご案内状、懐かしく拝読しました。
②久し振りに皆様にお目にかかれるものと楽しみにしておりましたが、あいにく当日は友人のお嬢さんの結婚式と重なっております。
まことに残念ですが、やむなく欠席させて頂きたいと存じます。③皆様にもよろしくお伝えください。

基本型

案内の断り状

——①＝前文　時候の挨拶、安否の挨拶などの前文は省略するのが一般的。左の例文の前文は返信用の挨拶。

——②＝主文　ただたんに断るのではなく、相手の心情を思いやって、断る理由も書き添えるようにしたい。ただし、見えすいたウソを断りの理由にするのは禁物。

お詫びの一文を盛り込むのも最低限のマナー。

——③＝末文

①前略　お申し越しの件につき、急ぎお返事申し上げます。
②実を申しますと、○○氏とはそれほど親しくお付き合いしているわけではございません。安請合いいたしては、かえってご迷惑をおかけするばかりと存じますので、③まことに申し訳ございませんがご遠慮させて頂きたく、悪しからずご了承願います。
草々

基本型

紹介の断り状

——①＝前文省略

——②＝主文　希望にそえないことがはっきりしているときは、できるだけ早めに返事を書くこと。

相手は多かれ少なかれ期待感を抱いており、それを裏切るのだから、相手の失望の度合いを最小にできるような、詫び状の性格を持たせた表現を心がける。

勧誘など好意的な申し出に対しては、感謝の言葉も忘れずに。

——③＝末文

案内・招待の断り状 例文

◆新年会の案内の断り状◆

新年会のお知らせありがたく拝見しました。

年の始めに、皆様の抱負などを聞かせていただきながら一献酌み交わし、歓談したいのはやまやまなのですが、当日はあいにく九州へ出張の予定です。申し訳ありませんが、ご了承願います。皆様によろしくお伝えください。

まずは取り急ぎ要用のみ。

◆歓送会の案内の断り状◆

前略　○○氏の海外研修歓送会のご案内状、ありがたく拝受いたしました。またとない機会ですからぜひとも出席、お見送りしたいのですが、現在、交通事故にあって入院中です。

右のような次第で失礼させていただきますが、○○氏にはくれぐれもよろしくお伝えください。

ご盛会をお祈り申し上げます。

草々

◆同期会の案内の断り状◆

同期会のご通知ありがたく拝見いたしました。懐かしい顔が次々と浮かんでまいります。

ぜひとも駆けつけたいところですが、あいにく当日は差し支えがあって出席できません。残念です。次の機会には必ず出席させていただきますので、なにとぞ悪しからずご了承ください。

末尾ながら皆様によろしくお伝えください。

右、取り急ぎお返事まで。

◆誕生祝いの招待の断り状◆

○○さん、お誕生日おめでとうございます。お祝いの席へのご招待、ありがとうございました。心よりお礼申し上げます。

ぜひ出席して直々にお祝いすべきところですが、当日はどうしても時間の都合がつきません。せっかくお招きくださいましたのに、失礼の段、ひらにご容赦願います。

まずはお詫びかたがたお返事まで。

◆賀寿の招待の断り状◆

お父上様の喜寿のお祝い、おめでとうございます。ご祝宴にお招き頂き、光栄に存じます。

ぜひとも参上してお祝いを申し上げ、長寿の秘訣などお聞きしたいと存じますが、あいにく当日は姪の結婚式がございまして、まことに残念ながら、ご遠慮申し上げざるをえません。

後日改めて参上いたしたいと存じますが、とりあえずお返事かたがたお祝い申し上げます。

◆開店祝いの招待の断り状◆

念願のレストラン「四季」のご開店、心からお喜び申し上げます。

本来なら、いの一番に駆けつけてお祝いを申し上げるべきところですが、当日はあいにくのことに団地自治会の会合があります。私も役員を務めておりますので、どうしてもそちらのほうへ出席しなければなりません。後日必ずうかがいますので、どうかご容赦ください。

案内・招待の断り状の常用類句

- ご案内状、拝受しました
- ○○にお招き頂き、ありがとうございます
- ご招待状ありがとうございました。このたびのご慶事、心よりお祝い申し上げます
- せっかくのご案内ですが、当日は先約がありますので欠席させていただきます
- せっかくお招きいただきましたのに、○○のため不参加のお返事をしなければなりません
- まことに残念ですが、今回はご辞退させていただきたいと存じます
- 次会を楽しみに、今回はご遠慮させていただきたいと存じます
- 心残りではございますが、当日はどうしても手が放せない用事がございますので……
- どうしても時間の都合がつきませんので……
- 当日は社用で○○へ出張中です
- またの機会を心待ちにいたしております
- ご寛容のほどお願い申し上げます

紹介・斡旋依頼の断り状　例文

◆人物紹介の断り状◆

拝復　お手紙拝読いたしました。

お申し越しの件ですが、○○様とは一、二度お会いしたことがある程度で、ご意向をうかがえるほどの親交はなく、私にはご紹介役は力不足と存じます。

まことに申し訳ございませんが、右のような次第ですので、なにとぞご容赦くださいますようお願い申し上げます。

敬具

◆旅館紹介の断り状◆

ご家族で温泉旅行とはうらやましいかぎりです。ところで、○○温泉にいい宿がないかとのことですが、残念ながら、小生、○○温泉はまったくの不案内です。お役に立てずまことに申し訳ありませんが、そういう次第なので、悪しからずご了承ください。

◆書籍紹介の断り状◆

拝復　お便り拝見しました。

超能力に関する、信頼できる研究書を紹介してほしいとのことですが、実を申しますと、その方面にはまったく知識がございません。お役に立ちたいのはやまやまなのですが、残念ながらご要望には添えかねるようです。

右のような事情ですので、悪しからずご了承のほどお願い申し上げます。

敬具

◆住まい斡旋の断り状◆

急啓　お申し越しの件ですが、適当な不動産屋の知り合いもなく、知人にも尋ねてみましたがはかばかしくありません。いつまでも延引していては、かえってご迷惑をおかけすることになるのではないかと存じますので、今回はご辞退させていただけませんでしょうか。

右のような次第ですので、ご寛容のほどお願い申し上げます。

草々

◆家庭教師斡旋の断り状◆

お手紙拝見いたしました。お申し越しの英語の家庭教師の件ですが、結論から申し上げれば、ご期待にそえかねるようです。

息子の家庭教師をお願いしている方にも聞いてみましたが、自信をもっておすすめできる方はいないとのことです。申し訳ございませんが、他のお心あたりをお捜し頂けませんでしょうか。

まずはお返事かたがたお詫びまで。

◆アルバイト仲介の断り状◆

急啓　お申し越しのお嬢様のアルバイトの件、店長に打診してみましたが、当分採用の予定はないそうです。可能ならご仲介の労をとらせていただきたいのですが、現状ではお力添えできかねるようです。

今回はご期待に添えませんでしたが、変わらぬお付き合いのほどお願い申し上げます。

取り急ぎお詫びを兼ねお返事まで。　草々

紹介・斡旋依頼の断り状の常用類句

- ご依頼のお手紙、昨日拝受いたしました
- お役に立てれば幸いなのですが……
- せっかくのお申し越しではございますが……
- できますことならば、ご紹介の労をとらせていただきたいのですが……
- 可能ならご斡旋いたしたいのですが……
- 実を申しますと、○○様とはほとんど面識がございません
- 挨拶を交わす程度のお付き合いだけで、人を紹介するほどの間柄ではございません
- ○○はまったくの地理不案内です
- ○○へは訪れたことがありません
- 若輩ゆえ、ご意向にそえるだけの力量はございません
- 私どもの力ではどうしようもありません
- 残念ながらお断りせざるをえないようです
- 申し訳ありませんがご要望にはそえかねます
- 他に適任の方をお求めいただきたく存じます

借用・譲渡依頼の断り状　例文

◆書籍借用依頼の断り状◆

お手紙拝受いたしました。お申し入れの件、申し訳ございませんが、今すぐには応じることができません。確かに○○著『□□□』は所持していますが、現在ほかの方にお貸ししています。返却されてきましたら、いつでもお貸しできますが、それでもよろしいでしょうか。ご一報願いたく存じます。

右、取り急ぎお返事まで。

◆DVD借用依頼の断り状◆

前略　お尋ねのDVDの件につき、急ぎお返事申し上げます。○月○日放映の「□□」は録画していたのですが、つい先日消去してしまいました。ご要望にお応えできず残念です。

右のような次第ですので、悪しからずご了承いただけますようお願い申し上げます。　草々

◆カメラ借用依頼の断り状◆

拝復　お便り拝見しました。

お申し入れのカメラの件につき、取り急ぎお返事申し上げます。できますことなら、ご要望にお応えしたいのですが、その時期、子供の運動会が予定されています。手持ちのカメラは一台しかなく、まことに不本意ですが、今回はお断りさせていただきたく、なにとぞご了解願いとう存じます。　敬具

◆スーツケース借用依頼の断り状◆

オーストラリアへ旅行されるとのこと、お楽しみですね。

ところで、お申し越しのスーツケースですが、実は私も同じ頃に海外旅行を予定しており、不本意ながらお断りせざるをえない状況にあります。ご希望にそうことができず、申し訳ございません。なにとぞご容赦ください。

右、お詫びかたがたお返事まで。

◆デジカメ譲渡の断り状◆

急啓　お手紙拝読いたしました。お申し越しのデジカメの件、残念ながら、ご要望にお応えすることができません。もう少し早くのお話でしたら、なんとかなったのですが、一足違いで他の方にお譲りしてしまったばかりです。
このようなお返事でご失望のこととは存じますが、事情お汲み取りのうえ、なにとぞご了承くださいますようお願い申し上げます。　草々

借用・譲渡依頼の断り状の常用類句

- ご依頼のおはがき、昨日落手いたしました
- せっかくのお申し入れですので、なんとかご希望にそいたいとは存じますが……
- できますればお力添えしたいのですが……
- なんとかお力になりたいとは思いますが……
- お申し出の品、手元にはございません
- お申し越しの品は所持しておりません
- 仰せ越しの○○はすでに処分してしまった後でございます
- ○○は現在使用中でございます
- 目下、故障のため修理に出しております
- 失礼ながら、ご意向にはそいかねます
- 今回はお断りせざるをえないようです
- 今回のことはなにとぞご勘弁くださいませ
- 残念ですが、お役に立てそうにありません
- 悪しからずご容赦願います
- ご期待にそむき、深くお詫びいたします
- お許しのほどお願い申し上げます

勧誘の断り状 例文

◆旅行の誘いの断り状◆

奈良大和路への旅のお誘い、嬉しく拝見いたしました。日本人なら、どこかしら不思議な旅情にかられるという大和路、ぜひ訪ねてみたいと思っておりますが、今回はどうしても日程のやりくりがつかず、ご辞退せざるをえません。悪しからずご了承いただきたいと存じます。

これにこりませず、またお誘いください。お詫びかたがたお返事申し上げます。

◆コンサートの誘いの断り状◆

○○のコンサートへのお誘い、ありがとうございました。前々から楽しみにしていた公演なので、ぜひにと思っておりましたが、あいにく当日は転勤する上司の歓送会があり、心残りながらご一緒できません。本当に申し訳なく存じます。またのお誘いをお待ちしております。

◆花火見物の誘いの断り状◆

前略　ご丁寧な花火見物のお誘い状、ありがたく拝見いたしました。

夜空に繰り広げられる華麗なショー、ぜひとも見物したいところですが、当日は家族連れで故郷に帰る予定を立てております。せっかくのお誘いをお断りするのはまことに心苦しいのですが、そのような事情ですので今回はご遠慮させて頂きたく存じます。急ぎお返事まで。草々

◆花見の誘いの断り状◆

取り急ぎお返事申し上げます。

花見の宴へのお誘い、まことに嬉しく存じ、心よりお礼申し上げます。せっかくのお誘い、ぜひにも参加させていただきたいのですが、残念ながら、当日は別の予定が入っており、どうやりくりしても都合がつきそうもありません。申し訳ありませんが、今回はご容赦ください。

まずはお詫びかたがたお返事まで。

◆OB会出席の勧誘の断り状◆

前略　OB会へのお誘い、ありがたく拝見しました。お元気そうでなによりです。

OB会にはしばらくご無沙汰しているので、敷居が高くならないうちに一度は顔を出そうと思っているのですが、多忙をきわめているのが現状。今回もあいにく当日は先約が入っており、出席は無理のようです。ご勘弁ください。

皆様によろしくお伝えください。

◆同好会入会の勧誘の断り状（女性）◆

テニスサークルへのお誘い、ありがとうございました。最近、運動不足を痛感しており、できればお仲間に加えていただきたいと存じますが、仕事を持っております関係上、どうしても時間が作れそうにございません。

せっかくのお誘いですが、今回は見送らせていただきたく、悪しからずご了解くださいませ。

まずはお返事を兼ねてお詫びまで。　かしこ

勧誘の断り状の常用類句

- お誘いのお手紙、落掌いたしました
- ○○へのお誘い、まことに嬉しく存じます
- お誘いをいただき、いろいろと思案してみたのですが……
- 子供が入院中につき、どうしてもわが家を離れるわけにはまいりません
- 病人を抱えておりますので、ご辞退申し上げるほかございません
- 非常に残念ですが、今回は涙をのんでご遠慮申し上げます
- 現在は時間の余裕がまったくございませんので、一応お断りしたいと存じます
- 決心がつきかねますので、今回のお話はなかったことにしてくださいませんでしょうか
- これにこりませず、またお声をかけて下さい
- 別の機会にお誘いくださいますようお待ち申し上げております
- 変わらぬご交誼をお願いいたします

催促のはがき

相手となんらかの約束をし、相手がその約束を守らないとき、その履行を促すのが催促状の目的です。

ビジネス上の催促状なら、それほど厄介ではないでしょうが、プライベートな催促状はなかなか書きにくいものです。相手に非があるのだからと、感情をもろに出した文面では逆効果。かといって、遠回しに表現したのでは要領を得ない文章になってしまいがちです。

基本的には、相手の立場を思いやり、自分が困っている状況を訴えて理解を求める、といった、おさえめでおだやかな書き方をするのが適切でしょう。

また、はがきは第三者が目にする可能性が高いのですから、内容によっては封書にする配慮も必要です。

◆**ポイントと注意点**

①何を催促するのか、要点を簡潔明瞭に書く。

②催促する事柄が複数の場合は、箇条書きにしたほうがわかりやすい。

③相手は、まったく失念しているのかもしれないし、履行したくてもできない状況に置かれていることも考えられるのだから、一方的に相手の非を強調するのは禁物。いたずらに相手を刺激しないように。

④不平不満や怒りの感情をぶつけるのも禁物。申し訳ないけれども約束を履行してほしい、といったへりくだった文面のほうが効果的。

⑤期限を切る場合は、相手の状況を考慮して十分な余裕を与えるのがよい。

①前略　②過日お願いいたしました娘のアパートの件、いかが相成りましたでしょうか。ご多忙中、ご尽力頂いていることは重々承知いたしておりますが、三月末日までには上京しなければなりませんので、できますれば中旬頃までに状況をお知らせ賜りたく存じます。

③右、重ねてお願いまで。

草々

ワンポイントアドバイス

基本型

頼み事の催促状

——①＝前文省略

——②＝主文　遠回しの表現では目的を達せられないおそれもあるので、用件は明確かつ要領よく。ただし、相手の非に言及するのは禁物。逆効果になりかねない。

相手の立場も考慮にいれて、感情に流されず、自分の窮状を理解してほしい、といった低姿勢の表現を心がけるのがよい。

——③＝末文

①お変わりございませんか。

②さて、二カ月ほど前にお貸ししましたカメラ、もうご用ずみでしょうか。実はこの夏、旅行を計画しており、カメラを持参したいと考えています。

催促がましいお願いで恐縮なのですが、七月末頃までにお返し頂けませんでしょうか。③はなはだ勝手ながら、ご配慮のほどお願い申し上げます。

基本型

物品返却の催促状

——①＝前文

——②＝主文　何を催促するのかを明確かつ簡潔に述べる。くだくだしい文章では要領をえなくなりがち。

たとえ相手に非があっても責めることなく「催促がましくて恐縮ですが」といった、おさえた表現にすると効果的。

期限を切る場合も一方的にならず、十分な余裕を与える心遣いがほしい。

——③＝末文

頼み事の催促状 例文

◆紹介依頼の催促状◆

再啓　桜の花が咲き誇る季節になりました。

さて、先般お願いいたしました○○様へのご紹介の件、いかがなりましたでしょうか。早急に○○様にお目にかかりたい要件がございまして、厚かましくも再度お便り申し上げた次第です。ご多忙中とは存じますが、事情ご賢察のうえ、ご高配のほどお願い申し上げます。

敬具

◆注文品の催促状◆

急啓　去る三月一日、貴社発行の○○著『□□』を一冊注文しましたが、二十日を経た本日現在、いまだ到着せず、困惑しております。至急ご調査のうえ、善処いただきたくお願い申し上げます。なお、書籍代金および送料は現金書留で送付ずみです。

右、取り急ぎお願いまで。

草々

◆借用依頼の催促状◆

再啓　その後お変わりなくお過ごしのことと存じます。

さて、過日借用をお願いしました書籍『□□』、早速冊子小包でお送りくださるとのことでしたが、いまだ手元に届いておりません。いかが相なっておりますでしょうか。まことに恐縮ですが、緊急に必要としておりますので、お手配のほどお願い申し上げます。

敬具

◆送品の催促状◆

寒さも一段と厳しくなってきましたが、お父さん、お母さん、お変わりありませんか。

早速ですが、先日お話ししたミカン、お送りくださったでしょうか。お正月、こたつの上に故郷の愛媛のミカンがなくては、どこか物足りない気がします。

勝手なお願いで申し訳ありませんが、もしまだでしたら、よろしくお願いします。

◆斡旋依頼の催促状◆

再啓　すっかり春めいてまいりました。

　さて、先般お願い申し上げました娘のアパートの件、その後いかがなりましたでしょうか。三月下旬には上京しなければなりませんので、ご多忙でしょうが、なにとぞご斡旋いただきたく、重ねてお願い申し上げる次第です。事情お察しのうえ、よろしくおとりなしください。

　右、再びお願いまで。

敬具

◆原稿の催促状◆

急呈　秋冷の候、ご活躍のことと存じ上げます。

　さて、過日ご執筆をお願いいたしました「〇〇〇」(四〇〇字詰め八枚)の玉稿、お約束の期日を過ぎましたが、まだ頂戴しておりません。編集作業にも支障をきたしかねませんので、まことに恐れ入りますが、窮状ご賢察のうえ、急ぎご執筆くださいますよう、重ねてお願い申し上げます。

草々

頼み事の催促状の常用類句

- まことに恐縮とは存じますが……
- 催促がましいことを申し上げるのは、まことに心苦しいのですが……
- 早速ながら、過日ご依頼いたしました〇〇の件につき、おうかがい申し上げます
- ぜひともご紹介いただきたく、失礼を顧みず再度お便りする次第です
- 緊急に必要としておりますので……
- 期日も迫っており、やむにやまれず……
- ご厚情に甘えてばかりで申し訳ございませんが、仲介の労をお取りいただきたく……
- ご多忙をきわめていることは十分に承知いたしておりますが……
- 窮境をお察し願いとう存じます
- 一段とご助力を伏してお願い申し上げます
- 至急お返事をたまわりたく存じます
- 折り返しご一報いただければ幸いです
- お返事心待ちにしております

返却・返品の催促状 例文

◆書籍返却の催促状◆

拝啓　突然ですが、去る六月一日にお貸ししました○○著『□□□』はもうお読み終わりましたでしょうか。至急再読の必要が生じましたので、もしご用ずみなら、急ぎ返却いただきたいと存じます。

まことにぶしつけながら、右、よろしくお願い申し上げます。

敬具

◆DVD返却の催促状◆

前略　先日お貸ししたDVD、いかがでしたか。もし、見終わっているのなら、至急返してくださいませんでしょうか。じつは、○○さんにもお貸しする約束をしており、せっつかれております。必要の折はまたお貸しいたしますので、ご配慮のほどお願いいたします。

右、取り急ぎお願いまで。

草々

◆テント返却の催促状◆

暑い日が続きますね。家族キャンプはどうでしたか。お子さんは大喜びだったでしょうね。

ところで、その折にお貸ししたテント、もうご用ずみと思いますので、お返し願えないでしょうか。わが家族も九月の連休に○○へキャンプに出かけることになりました。

恐縮ですが、右のような事情なので、なるべく早めの返却をお願いいたします。

◆ビデオカメラ返却の催促状◆

取り急ぎお願い申し上げます。

先日お貸ししましたビデオカメラはまだお使いでしょうか。来る十月十日、子供の運動会があり、ぜひビデオにおさめたいと思っておりますので、もしご用ずみでしたら、ひとまずお返しいただきたいのですが……。

ご入用の節はいつでもお貸しいたしますので、よろしくお願い申し上げます。

◆スーツケース返却の催促状◆

前略　過日お貸ししましたスーツケース、お役に立ちましたでしょうか。

催促がましいおはがきを差し上げるのは心苦しいのですが、すでにご用ずみのことと存じますので、お返し願えませんでしょうか。

お越しいただくのが無理のようでしたら、当方から使いの者を差し向けますので、折り返しご一報いただきたく存じます。　草々

◆立て替え代金返却の催促状◆

拝啓　その後お変わりございませんか。

さて、先日頼まれました○○のコンサートのチケット、書留でお送りしましたが、届きましたでしょうか。ご連絡お待ちしております。なお、チケット代金、当方で立て替えておりますので、この件につきましてもよろしくお願い申し上げます。

まずは右、要用のみにて失礼します。　敬具

返却・返品の催促状の常用類句

- まことに申し上げにくいのですが……
- 誠に不本意な申し条ではございますが……
- ぶしつけなことを申し上げ、まことに失礼とは存じますが……
- 先般お貸ししました『○○○』はもう読了なさいましたでしょうか
- ○月○日に親戚の者の結婚式があり、撮影を頼まれておりますので……
- 五月五日の子供の日に使う予定ですので……
- お急がせて申し訳ございませんが……
- お急がせするようで恐縮に存じますが……
- 取りあえずお返しください
- 急ぎご返却をお願いいたします
- ○日頃までにお返しいただきとう存じます
- 早急にご返却くださるようお願いします
- 私方の用がすみ次第、またお貸ししても結構でございます
- ご必要なら、いつでもお貸しいたします

返事の催促状 例文

◆出欠の返事の催促状◆

前略　早速ですが、クラス会のお知らせは届きましたでしょうか。準備の都合がありますので、出席されるのかどうか、あらためておたずねいたします。

お手数とは思いますが、○月○日までにお返事いただくか、幹事の○○（☎………）までご連絡くださいますようお願いします。

草々

◆着否の返事の催促状◆

元気でやっていますか。先日、宅配便でリンゴを送り、その旨のはがきも出したのですが、一向に音沙汰がなく、無事に着いたのかどうか案じております。

途中で事故でもあったのなら調べなければなりませんので、折り返し返事をください。

右、取り急ぎ要用のみ。

◆諾否の返事の催促状（女性）◆

春もたけなわの今日この頃、お変わりなくお過ごしのことと存じます。

さて、先日お誘い申し上げました沖縄旅行の件、いかがでしょうか。もしご都合がつくのでしたら、ぜひご一緒していただきたいと思います。重ねてのおうかがいで申し訳ございませんが、切符や旅館の手配もございますので、折り返しお返事のほどお願いいたします。

かしこ

◆問い合わせの返事の催促状◆

前略　過日、御地で開催される「○○祭り」について、日時、会場のほか宿泊施設の有無と料金について問い合わせた者です。

すでに二週間以上が経過しておりますが、いまだお返事を頂戴できません。いかがなっておりますでしょうか。当方の予定もございますので、ご多用の折、まことに恐縮ですが、至急お返事賜りますようお願い申し上げます。

草々

◆友人への勧誘の返事の催促状◆

その後お変わりありませんか。

さて、先日お誘いした奈良への旅行の件、どうなっておりますか。返事の催促というのも心苦しく、ためらっていましたが、待ちきれず再びおうかがいします。

お忙しいとは思いますが、大和路は春が最高。時期を失しかねないので、できるだけ早くお返事ください。お待ちしております。

返事の催促状の常用類句

- 過日お問い合わせいたしました件につき、再度おうかがい申し上げます
- 今もってお返事がなく、途中での事故を心配しております
- 期日も迫ってまいりましたので、早急にお返事を頂戴いたしたく存じます
- ご多忙中まことに恐縮とは存じますが、○○の件のお返事いかがなものでしょうか
- 会場整理の都合上、ご出席の有無のお返事を急ぎたまわりたく存じます
- 過日お手紙いたしました○○同好会へのご入会の件、いかがでございましょうか
- 先日お誘い申し上げた○○の件、至急お返事をいただけませんでしょうか
- 先日お願いいたしました件、まだお返事をいただいておりませんが、諾否のほど、できますれば○月○日までにご連絡くださいませ
- お手数ながら、お返事お待ち申しております

抗議のはがき

抗議のはがきは、なんらかの約束や契約が成立していながら、相手が違約や違背、裏切り行為をしたとき、相手に反省を促したり、履行を迫ったりするものです。

基本的には催促のはがきと同じような文面になりますが、多かれ少なかれ怒りの感情を抱いているので、気楽に気分よく書けるというものではありません。比較的書きにくいはがきのひとつといえるでしょう。

いずれにしても、相手の非を前面に打ち出して頭ごなしに糾弾するような文面は感心しません。かといって、遠回しの表現では目的を達することができません。ケース・バイ・ケースで硬軟を使い分けるようにします。

内容によっては、第三者の目に触れないように封書にするほうがよいでしょう。

◆ポイントと注意点

①何に対して抗議するのか、要点を簡潔明瞭に示すこと。

②相手に誠意が感じられないときは多少きつい調子になるのもやむをえない。ただし、単純ミスのときは善処の依頼にとどめる程度に。

③相手に非があるとはいえ、それを指摘・糾弾するだけでは、かえって反発感を抱かれかねない。相手の立場を思いやる気持ちが大切。

④怒りをぶつけるのではなく、相手の良心に訴えて反省を促し、責任を悟ってもらうような文面にする。

⑤時候の挨拶や安否の挨拶などは省略してもさしつかえない。

ワンポイントアドバイス

基本型
返却遅延の抗議状

──①＝前文省略　時候の挨拶、安否の挨拶などの前文は不要。

──②＝主文　抗議状では用件を明確に伝えることが大切で、曖昧な表現では要領をえなくなるおそれがある。ただし、相手に非があっても、それを糾弾するような、感情的な文面では逆効果。

　あくまでも相手の立場を思いやり、責任を自覚させるような表現を心がける。

──③＝末文

①前略　②先日お貸ししました「○○」のDVD、どうなっておりますでしょうか。お約束の日限をかなり過ぎておりますのに、ご返却いただけず、どのようなご都合かと案じております。

③催促がましくて恐縮ですが、ご用ずみなら、早急にお返しくださいますようお願い申し上げます。

草々

①急啓　②4月8日付をもって注文しました○○、本日着荷いたしました。しかし、到着品はカタログ見本とはデザインもカラーも大幅に相違する品です。あるいは御社の誤送かと存じます。

③つきましては、とりあえず該品をご返送いたしますので、至急ご調査のうえ、善処方お願い申し上げます。

草々

基本型
品違いの抗議状

──①＝前文

──②＝主文　右の例のように相手が個人でない場合は、事務的な文面になってもよい。

　また、相手の誠意が感じられないときは多少きつい調子の抗議文になるのもやむをえない。

　そうでない場合は、相手も人間、感情的表現は極力おさえ、善処を依頼するほうが効果がある。

──③＝末文

遅延・延引の抗議状 例文

◆注文品未着の抗議状◆

急啓　去る九月一日に現金書留で注文しました○○著『□□□』、十五日現在、未着となっております。書店より御社へ直接注文したほうが早いとのことでしたが、どうなっているのでしょうか。早急に必要とする書籍ですので、ご調査のうえ、未発送でしたら急ぎお送りください。

右、取り急ぎ要用のみ。　草々

◆友人への不返事の抗議状◆

前略　過日、問い合わせた○○の件、どうなっていますか。信義に厚い貴兄のことゆえ早々の返事を期待していたが、あれから一カ月近くもたつのに何の音信もないので心配している。あるいは失念しているのではないかと、催促がましくペンをとった次第だ。多忙中とは思うが、折り返し一報してほしい。よろしく。　草々

◆書籍不返却の抗議状◆

前略　先般お貸しいたしました書籍『□□□』はもうご用ずみでしょうか。お約束の日限までには必ずご返却くださるとのことでしたが、二十日以上もたつのに何のご連絡もなく困惑しております。どうなっているのでしょうか。

私も『□□□』を資料として緊急に必要としておりますので、ご用ずみでしたら早急にお返しください。よろしくお願い申し上げます。　草々

◆約束事延引の抗議状①◆

過日お願い申し上げましたアパートの件、心当たりがある、とのお返事でしたが、以後、今日に至るもご無音のままで途方に暮れています。

時日も迫っており、あなた様のほうが無理のようでしたら、早急に新たな手を打たなければなりませんので、まことに恐縮ですが、急ぎその後の状況をお知らせくださいますようお願い申し上げます。

◆約束事延引の抗議状②◆

前略　取り急ぎ用件のみ申し上げます。

先般、ご快諾頂きました○○借用の件、いかが相なっておりますでしょうか。至急に必要とするため借用方をお願い申し上げたのですが、何度電話を差し上げてもお聞き届け頂けず、困惑いたしております。

何分緊急を要しますゆえ、大至急お返事を頂けますよう重ねてお願い申し上げます。　草々

遅延・延引の抗議状の常用類句

- 過日ご依頼申し上げました○○の件、いまだにお返事を頂戴できませんが、どのようになっておりますでしょうか
- 去る○日に注文申し上げました○○が、いまだ到着いたしておりません
- 納期はくれぐれもお間違いのないようにと申し添えておきましたのに……
- ご返事がないのはどのようなご都合かと案じております
- お返事を頂戴できないのは、私のことで何か心証を害されたのではないかと……
- トラブルが発生したのではと、貴重な品だけにいささか心配しています
- まことに恐縮ですが、急ぎお返しいただきたくお願い申し上げます
- このように延引に延引を重ねられては、今後の関係にも支障をきたしかねませんので……
- 誠意のあるご回答をお待ち申し上げます

違約・違背の抗議状 例文

◆在宅の違約の抗議状◆

前略　さる九月七日、お約束の午後三時におうかがいいたしましたが、ご不在のため、非常に困惑してしまいました。急用ができたためと存じますが、玄関口にメモでも残しておいてくださっていればと残念です。

急ぎお目にかかりたい用事がございますので、折り返しご一報いただければ幸いです。　草々

◆待ち合わせの違約の抗議状（女性）◆

○○さん、ひどいじゃないの、待ち合わせをすっぽかすなんて。三月五日午後二時、喫茶店「○○」とあれほど念を押しておいたでしょ！「○○」の電話番号も知っているはずなのに。

釈明の連絡を待ってます。きわめて寛大な心の持ち主の私、理由によっては許してあげますわよ。ただし、罪滅ぼしは高くつくわよ〜。

◆訪問違約の抗議状◆

この前の土曜日、どうしておいでいただけなかったのでしょうか。前々からのお約束でしたので、家族全員で今か今かとお待ち申し上げていたのですが、いつまでたってもお見えにならず、なにか事故でもあったのではないかとご案じ申し上げておりました。

ご都合が悪くなられたのでしたら、せめてお電話でもいただきたかったのに残念です。

◆友人への貸与違約の抗議状◆

前略　急ぎ苦言を申し上げます。

過日の約束で○月○日にビデオカメラをお貸しくださることになっていたはず。ところが、確認の電話をしたら、すでに他の人に貸したとの返答。小生との約束を失念していたのでしょうか。子供の運動会の様子を撮影する予定でしたのに、これではどうにもなりません。本当に残念です。　草々

◆無通知欠席の抗議状◆

前略　去る三月五日の○○会の例会、どうなさったのでしょうか。確か、前回の例会で貴兄が幹事役を引き受けたはず。にもかかわらず、なんの連絡もないままの欠席。やむをえない事情があったのでしょうが、残念でなりません。憤慨している会員も一部にありましたので、次回例会には必ず出席して釈明してください。

右、取り急ぎご連絡まで。

草々

◆不良品の抗議状◆

急啓　貴社のカタログ販売でカメラ（商品番号×××）を注文しましたが、ご送付いただきました品は色違いのうえ、シャッター部分が故障しておりました。これでは用をなしませんので、注文通りの品とお取り替えいただきたいと存じます。別便にて該品をご返送いたしましたので、大至急のご善処と今後の十分なご注意をお願い申し上げます。

草々

違約・違背の抗議状の常用類句

- 先日お約束の刻限にお訪ねいたしましたが、お留守でした
- ご指定の日時におうかがい申し上げましたが、ご不在でした
- 失礼ながら、ひそかに失望の念を禁じえませんでした
- お約束の場所で二時間もお待ちしていました
- 本当に困惑いたしました
- このように約束を反故《ほご》にされますと、少しお怨みの感情もわいてまいります
- ご送付いただきました品は発注したものとは相違しております
- このような粗製品を販売なさるとは、まことに遺憾に存じます
- 取り扱いを慎重にしていただけたらと、残念でなりません
- 貴社のご名誉にもかかわると存じます
- 誠意あるご処置をお願い申し上げます

弔事のはがき

弔事のはがきには、死亡の通知状、会葬のお礼状、法要の案内状、お悔み状などがあります。このうち、お悔み状は封書にするのが礼儀とされています。ただ、最近では、緊急の場合はひとまずはがきを利用し、あらためて封書でお悔みをしても礼を失しない、といわれるようになっています。

死亡の通知状、会葬のお礼状、法要の案内状は弔事を行なう側が書くもので、儀礼的な形式を踏むのが一般的です。

◆ポイントと注意点

①形式にのっとり、礼を尽くした文面にする。すでにできあがっている儀礼的な文面を利用するのが無難。ユニークな文案をと考えると、かえって礼を失することにもなりかねない。葬儀社に依頼すれば、形式を踏んだものをつくってくれるので、それを利用してもよい。

②〝死〟を直接表現せず、永眠、急逝、逝去、昇天、帰天などとする。

③死亡した人の姓名、死亡の日時、生前の厚誼への謝辞、葬儀・告別式の日時と場所を明記。

④時候の挨拶などの前文は不要。

⑤不吉なことや、死という不幸の繰り返しを連想させる、次のような忌み言葉、重ね言葉を使わないように注意する。

◆浮かばれない／繰り返す／苦しむ／再三再四／再度／つらい／二度／迷う

◆返す返す／重ね重ね／くれぐれ／しばしば／しみじみ／たびたび／なおなお／ますます／またまた／よくよく

ワンポイントアドバイス

基本型
死亡通知状

②大森孝儀、かねて病気療養中のところ、九月四日午前四時九分永眠いたしました。
③ここに生前のご厚誼を謝し、謹んでご通知申し上げます。
追って告別式は九月六日午後一～二時、杉並区・極楽寺（JR中央線・荻窪駅南口徒歩五分）にて相営みます。
平成○年九月四日
東京都杉並区荻窪南○─○─○
喪主　大森勝一
外　親戚一同

―― 前文は省略　弔事関係のはがきでは、頭語、結語は不要。当然、前文も省略する。

―― ②＝主文　この種のはがきは形式や儀礼を欠くことができないので、葬儀社などに用意されている定型文を利用するのが通例。

―― ③＝末文

②亡父孝の葬儀に際しましては、ご多忙中のところ、ご会葬くださり、ご芳志かたじけなく、厚く御礼申し上げます。
何分にも取り込み中のこととて不行き届きもございましたこと、お詫び申し上げます。
③とりあえず書中にてご挨拶申し上げます。
平成○年九月六日
喪主　大森勝一
外　親戚一同

基本型
会葬の礼状

―― 前文は省略
―― ②＝主文　会葬の礼状も、右のような定型文がすでにできあがっている。自分で文案を工夫してもかまわないが、形式を踏んだ定型文を利用したほうが無難である。
―― ③＝末文

死亡通知状　例文

◆一般的な死亡通知状①◆

母英子儀、四月四日午後一時二十五分、肺炎のため急逝いたしました。享年六十九歳でございました。
ここに生前のご芳情を深謝し、謹んでご通知申し上げます。
追って葬儀は仏式により、自宅において左記の通り執り行ないます。

記

日時　四月六日　葬　儀　午後一時より二時
　　　　　　　　告別式　午後二時より三時

なお、御供物等の儀は故人の遺志により、勝手ながらご辞退申し上げます。

平成〇年四月四日
東京都中野区新井〇―〇―〇
喪主　山田健一
外　親戚一同

◆一般的な死亡通知状②◆

田中孝太郎儀、かねて病気療養中のところ、四月三日午前七時五十六分、急性心不全のため永眠いたしました（享年七十九）。
ここに生前に賜りましたご厚情に対し深く感謝申し上げます。つきましては左記のとおり葬儀を執り行ないますので、謹んでご案内申し上げます。

記

一、通　夜　四月五日（火）午後六時～七時
一、葬　儀　四月六日（水）午後一時～二時
一、告別式　四月六日（水）午後二時～三時
一、場　所　新宿区新宿〇―〇―〇（自宅）

なお誠に勝手ながらご供花、ご供物、ご香典の儀は固くご辞退申し上げます。

平成〇年四月四日
葬儀委員長　中川英雄
喪　主　田中孝二
外　親戚一同

◆内輪の葬儀の死亡通知状◆

夫○○儀、かねて病気療養中のところ、薬石効なく、五月九日午前九時十分、永眠いたしました。享年七十一歳でした。

故人の遺志により、葬儀は近親者のみにて相営みました。故人の最後のわがままと思し召し、何卒ご容赦頂きますようお願い申し上げます。

ここに生前のご厚誼を深謝いたしますとともに、謹んでご通知申し上げます。

◆子供の死亡通知状◆

長男○○が八月四日午後二時十四分、交通事故により急逝いたしました。生をうけて満三年四カ月という短い生涯でした。

幼児のことでもあり、葬儀は近親者のみにて営みました。

生前なにかとお世話になりましたこと、ここに厚く御礼申し上げますとともに、謹んでお知らせ申し上げます。

死亡通知状の常用類句

- 妻○○こと心臓病にて入院加療中でございましたが、医学の手もおよばず、○月○日昇天いたしました
- 夫○○儀、長らく病床におりましたが、去る○月○日、医薬の効もなく急逝いたしました
- 長女○○、病気加療中のところ容体急変いたし、○月○日午前○時、急逝いたしました
- 父○○儀、去る○月○日午前○時、近親者の看取るなかで八十三歳の一生を終えました
- 祖父○○儀、○月○日午後○時、肺癌のため永眠いたしました。享年七十九歳でございました
- 母○○儀、天寿をまっとういたし、○月○日九十三歳の生涯の幕を閉じました
- 故人の遺言に従い、葬儀は近親者だけで執り行ないました
- 密葬は近親者のみにて相営みました
- 生前のご芳情に深謝申し上げます

弔問・会葬の礼状 例文

◆一般的な会葬の礼状◆

亡母〇〇葬儀の際は、ご多忙中にもかかわりませず遠路ご会葬を賜りまして、まことにありがたく、厚く御礼申し上げます。

お蔭をもちまして、葬儀も滞りなく相済ますことを得ました。つきましては早速拝眉のうえ、御礼申し上げるべきところでございますが、忌中につき、略儀ながら書中をもちましてご挨拶申し上げます。

敬具

平成〇年〇月〇日

東京都中野区新井〇-〇-〇

喪主　□□□□

外　親戚一同

◆簡単な会葬の礼状◆

故〇〇〇〇の葬儀に際しましては、ご多用中のところ遠路ご会葬くださり、まことにありがとうございました。

ここにご芳情を深謝し、謹んで御礼申し上げます。

平成〇年〇月〇日

東京都中野区新井〇-〇-〇

□□□□

◆親しい人への会葬の礼状◆

亡父〇〇の葬儀に際しましては、ご多用中にもかかわりませずご会葬のうえ、ご丁重なご香華を賜り、まことにありがたく、厚く御礼申し上げます。

お心こもるお別れをして頂き、故人もさぞかし喜んでいることと存じます。

葬儀の折は多忙にとりまぎれ、満足にご挨拶もできませず失礼いたしましたこと、深くお詫び申し上げます。父亡き後も、従前同様のご交誼を賜りますようお願い申し上げます。

略儀で恐縮に存じますが、書中をもちまして謹んで御礼申し上げます。

◆知人への会葬の礼状◆

亡母○○の葬儀に際しましては、雨模様の中、遠路ご会葬くださいまして、ご芳情のほど厚く御礼申し上げます。

取り込み中のこととて、何分不行き届きの点も多かったと存じますが、何卒ご容赦のほどお願い申し上げます。

略儀、失礼ではございますが、書中をもって謹んでご挨拶申し上げます。

◆友人への会葬の礼状◆

亡妻○○の葬儀に際しましては、厳寒にもかかわらず、ご弔問のうえ、ご丁重にもご献花くださり、まことにありがたく、心よりお礼申し上げます。貴兄にお送りいただき、故人もさぞ喜んでいることと存じます。

いまだ茫然自失の状態ですが、子供のためにも弱気にはなっていられません。今後ともお力添えを賜りますようお願い申し上げます。

弔問・会葬の礼状の常用類句

- 厳寒にもかかわりませず、ご会葬くださいまして……
- 酷暑のみぎりにもおいといなくご会葬を賜りまして……
- ご丁重なお悔みを頂戴いたしまして、まことにありがとうございました
- ご丁重なる弔辞ならびにお供物を賜り、まことにありがたく……
- ご会葬を賜り、かつご丁重なご芳志をかたじけのうし……
- 失礼のありました段、お詫び申し上げます
- 故人の生前に賜りましたご交誼に対しまして厚く御礼申し上げます
- 本来なら参上してお礼を申し上げるべきところでございますが、略儀ながら書中をもちましてご挨拶申し上げます
- 略儀、恐縮ながら書面をもって御礼申し上げます

法要の案内状 例文

◆一般的な法要の案内状◆

謹啓　秋冷の候、皆様にはますますご清祥のこととお慶び申し上げます。
さて、来る十月四日は亡き父
〇〇院〇〇〇〇居士
の三回忌に当たります。つきましては、同日午前十一時より菩提寺極楽寺（JR中央線・西荻窪駅下車）にて、心ばかりの法要を営みたく存じます。
ご多用中のところ、まことに恐縮ではございますが、万障お繰り合わせのうえ、ご参会賜りますようお願い申し上げます。
まずは右ご案内まで。　　敬具
平成〇年九月十四日
なお、法要のあと粗餐を差し上げたく存じますので、ご出席の有無をご一報いただければ幸いでございます。

◆簡単な法要の案内状◆

拝啓　春暖の候、皆様にはいよいよご健勝のことと存じ上げます。
さて、来る四月五日は亡母〇〇の三回忌に当たりますので、中野仙徳寺にて、同日午前十一時より心ばかりの法要を営み、泉下の霊を慰めたく存じます。つきましては、ご多用中まことに恐縮ですが、お運びくださいますようご案内申し上げます。　　敬具

◆内輪の法要の案内状①◆

拝啓　菊の香漂う候、お変わりなくお過ごしのことと存じます。
さて、来る十一月四日は亡夫の七回忌に当たりますので、同日午前十一時より、内輪の者で心ばかりの法要を営みます。つきましては、生前にとりわけ親しくご交誼を賜りましたあなた様にもぜひご参列頂き、故人の思い出話など承りたく、ご案内申し上げます。　　敬具

◆内輪の法要の案内状②◆

拝啓　新緑の候、皆様にはますますご清栄の段、お慶び申し上げます。

　さて、来る五月十四日は、亡き妻○○の三回忌に当たります。つきましては、同日午前十一時より、自宅にて心ばかりの法要を営みたく存じます。

　ご多用中まことに恐縮ではございますが、ご回向賜りますようお願い申し上げます。　敬具

◆内輪の法要の案内状③◆

謹啓　すっかり秋めいてまいりました今日この頃、皆様にはお変わりなくお過ごしのことと存じ上げます。
　さて、きたる十月四日は娘○○の祥月命日にあたりますので、心ばかりの法要を営み、霊をなぐさめてやりたいと存じます。つきましては、当日午前十一時までに、拙宅にご足労いただきたく、よろしくお願い申し上げます。　敬具

法要の案内状の常用類句

●月日のたつのは早いもので、来る○月○日は亡父の三回忌にあたりますので、追善の法要を営みたく存じます。
●来る○月○日は、亡き妻○○の七回忌に当たりますので、親しい方にご参集いただき、心ばかりの法要を勤めたいと存じます
●午前○時より、生前親しくお付き合いを頂きました方々にお集まり願い、私宅にて心ばかりの法要をいたしたく存じます
●ご多用の折、まことに恐縮ではございますが、万障お繰り合わせのうえ、ご参会くださいますようお願い申し上げます。
●故人の思い出話などをお聞かせ願えれば幸いでございます
●ご光来のほどお願い申し上げます
●ご来臨賜りますようお願い申し上げます
●ご来臨賜りますれば故人もさぞ満足のことと存じます

日常のはがき

近況報告、お世話になった人へのお礼状、旅先からの便り（旅信）などが、日常に出すはがきの主なものです（お礼にはさまざまな種類がありますが、お祝いや贈り物などに対する返礼はそれぞれの項目で触れたので、ここではそれら以外のものを扱います）。

◆ポイントと注意点

①近況報告は、とくに用事がなくても出すはがきなので、日常の平凡なことを書きつづるだけでもよい。

②ただし、相手のことを思いやり、人間関係を大切にする気持ちで書く。相手が興味を持ちそうなことに的を絞って書いたほうが効果的。

③お世話になった人への礼状は感謝の気持ちをこめて、しかも、タイミングを失しないように、できるだけ早く出す。

④旅先からの便りには、これといった形式はなく、自由なスタイルで書いてよい。むしろ、堅苦しい文章よりはくだけた文章のほうが好感を持たれる。

⑤旅先の印象のほか、その土地の歴史や伝説、独自の風習、ユニークな食べ物などに関する話を織り込むのもよい。

⑥旅を満喫している気持ちを伝えるのはよいが、度がすぎて相手に羨望感を持たせるような文面だと、かえって反感をかうこともあるので要注意。

⑦近況報告、お世話になった人への礼状、旅信ともに返事を求めるものではないので、返信を期待するような表現にならないように。

ワンポイントアドバイス

①お父さん、お母さん、ご無沙汰していますが、お変わりありませんか。こちらは皆、元気でやっています。②この前の日曜には家族全員でディズニーランドへ行きました。子供たちも大はしゃぎの楽しい一日でした。
③時節柄、お身体お大切に。では、またお便りします。

基本型
近況報告

——①＝前文

——②＝主文　近況報告にはこれといった形式はない。日常の出来事を自分の言葉で、自由なスタイルでつづれば十分。
　ただし、目上の人に対しては、ある程度の節度は必要。ケース・バイ・ケースで書き分ければよい。

——③＝末文

①今、沖縄の西方、八重山群島の与那国島に来ています。②与那国島は日本の最西端に位置する島。天気がよい日には台湾が望めるそうです。
一週間ほどのんびりと釣り糸をたれる予定です。島特産のアルコール度六〇度という焼酎「どなん」をお土産に持って帰ります。③楽しみにしていてください。

基本型
旅先からの便り

——①＝前文

——②＝主文　旅信にも決まった形式はないので、自由に書いてよい。絵はがきを利用するのも効果的。
　ほんの数行でもかまわないので、旅に出たらぜひ書きたい。ただし、相手をうらやましがらせるような表現は反感をかうおそれもあるので注意すること。

——③＝末文

近況報告 例文

◆両親への近況報告（女性）◆

すっかり寒くなりましたが、お元気でお過ごしでございましょうか。私方、全員変わりなく暮らしておりますのでご安心ください。

主人は健康のためと称して、最近ジョギングをはじめました。子供たちは寒さにも負けず、外で飛び回っています。

そちらの様子はどうですか。寒さはこれからが本番、どうかご自愛なさってください。

◆身内への近況報告◆

暑さ寒さも彼岸までの言葉どおり、桜の便りも聞かれるこの頃、お変わりありませんか。

当方は相変わらずです。今度の日曜日には、家族で潮干狩にでも行こうかと話し合っています。お天気がよければいいのですが……。

時節柄、お身体お大切に。

◆友人への近況報告◆

ご無沙汰していますが、変わりありませんか。当方、無事消光しているが、体力の衰えを痛感する日々です。

小学生の息子のキャッチボールの相手をしただけで筋肉痛という情けない有り様。寄る年波には勝てないというところです。体力の曲がり角なのでしょう。お互いに健康には注意しましょう。では、また。

◆友人への近況報告（女性）◆

寒さ厳しき折柄、お変わりなくお過ごしでしょうか。長らくのご無沙汰をお詫びしたく、ペンをとっています。

先日、雪を求めて新潟の瀬波温泉まで行ってきました。荒々しい日本海、重くたれこめた雲、吹きつのる風、降りしきる雪……都会では味わえないひと時を過ごしました。またお便りします。あなたも近況を知らせてください。

◆恩師への近況報告◆

拝啓　ようやく秋の気配が漂いはじめた今日この頃、お元気にお過ごしのことと存じます。

私もサラリーマンになって約半年。スーツ姿にもなんとか慣れてきました。仕事のほうはいまだ半人前以下ですが、「自ら信じる道を歩め」という先生のお言葉を胸に、一生懸命取り組んでいます。またお便りします。

まずは近況ご報告まで。

敬具

◆転勤先からの知人への近況報告◆

その後お変わりございませんか。

当地へ赴任して三カ月、同じ日本ながら慣習の違いになにかと戸惑うことが多かったのですが、最近ようやく慣れてきました。都会とは違って人情にあふれた地で、仕事にも一段とやる気が出ております。機会がありましたら、ぜひ当地をお訪ねいただきたいと存じます。

お元気でご活躍ください。

近況報告の常用類句

- その後いかがお過ごしでございましょうか
- 皆々様お変わりなくいらっしゃいますか
- 長らくご無音に打ちすぎ申し訳ございません
- いつも心にかかりながら、ついご無沙汰の日を重ねて申し訳なく存じます
- 生来の筆不精のため、心ならずもご無沙汰いたしましたこと、お許しください
- 雑事にかまけて久しくお便りも差し上げず、心苦しく存じております
- 私どもも変わりなく暮らしておりますので、ご安堵くださいませ
- お蔭様で当方、無事に過ごしております
- 学生時代を懐かしく思い出し、一筆したためました
- 故郷忘れがたく、ペンをとった次第です
- 仕事もようやく一段落したところで、久々にご無沙汰の言い訳でもと思い……
- 近況のご報告まで申し上げます

世話の礼状 例文

◆歓待の礼状◆

拝啓　先日は突然お邪魔して失礼いたしましたうえに、心温まるおもてなしにあずかり、本当にありがとうございました。

お言葉に甘えてついつい長居をしてしまい、恐縮に存じます。お詫び申し上げますとともに、近頃にない楽しいひと時を過ごさせていただきましたこと、厚くお礼申し上げます。

まずはお詫びかたがたお礼まで。

敬具

◆見送りの礼状◆

本日はご多忙中にもかかわりませず、わざわざ羽田空港までお見送りいただき、ありがとうございました。無事帰郷いたしましたので、ご安心ください。天候不順の折柄、お風邪など召しませんようご自愛ください。

まずは取り急ぎお礼まで申し上げます。

◆ご馳走の礼状◆

昨日はお心づくしのご馳走にあずかり、まことにありがとうございました。時間を忘れるような楽しい一夕を過ごさせていただき、心より感謝申し上げます。

つい長居をしてしまい、奥様もさぞご迷惑だったと存じます。お詫びのほど、よろしくお伝えください。

失礼ながら、書中にてお礼まで申し述べます。

◆上京中の世話の礼状◆

拝啓　このたびの上京の節は大変お世話になり、まことにありがとうございました。お忙しいなか、あちこちをご案内くださったうえに、ご自宅にまでお招きいただいてのご歓待、心からお礼申し上げます。

末尾ながら、奥様にもよろしくお伝えくださ い。本当にありがとうございました。

取り急ぎ御礼まで。

敬具

◆旅先の世話の礼状◆

前略　先日は御地を旅行中の折、道に迷って難儀いたしておりましたところ、お急ぎだったでしょうにわざわざ目的地までご案内いただき、まことにありがとうございました。

おかげさまで、楽しい思い出を胸に、昨日、無事に帰宅いたしました。お礼と申すものではございませんが、心ばかりの品をお送りいたしましたので、どうかご受納ください。

草々

世話の礼状の常用類句

- ご歓待いただきありがとうございました
- 先日はひとかたならずご配慮くださり、お礼の言葉もございません
- 温かいお心遣いに感謝申し上げます
- わざわざのお見送り申し訳なく、心から感謝申し上げます
- 御地滞在中はなにかとお世話になり、心より御礼申し上げます
- 御地滞在中はお忙しいなか、ご家族あげてお世話くださり、ありがとうございました
- 御地旅行中は見も知らぬあなた様に思いがけないご親切を頂き厚く御礼申し上げます
- 本当に心温まる思いがいたしました
- 感謝の念でいっぱいでございます
- 一時はどうなることかと案じておりましたが、あなた様のおかげで……
- ひと様の親切、しみじみとかみしめています
- とりあえず書面にて御礼申し上げます

旅信 例文

◆国内からの旅信◆

家族で伊豆の修善寺温泉に来ています。しばらくは仕事から解放されての、気ままな温泉三昧。おりからの紅葉をめでつつ、山海の幸に舌鼓を打ち、お酒もほどほどに飲んで、久々になんともいえぬ気分にひたっています。わずか二泊三日のあわただしい旅行ですが、充実した休暇を過ごせそうです。

◆外国からの旅信◆

今、憧れのスペインを旅行中です。闘牛にフラメンコ、ワインに新鮮な魚介料理……、情熱の国を存分に味わうべく、元気に歩き回っています。懐の寂しいひとり旅ですが、心は豊か。

スペインのあとは地中海を越えてカサブランカへ足を延ばす予定です。またお便りします。お土産話を楽しみにしていてください。

旅信の常用類句

- ○○さん、お元気ですか
- ○○の旅館の一室でペンをとっています
- 今、○○へ向かう機内にいます
- 先ほど○○に到着しました
- 現在、○○に来ています
- ○○の旅行を楽しんでいます
- 出発の際はわざわざのお見送りありがとうございました
- 年に一回の贅沢を楽しんでいます
- 雑事をすべて忘れ、心身ともにリフレッシュしています
- そこはかとない旅情を満喫しています
- 本日○○に立ち寄りました
- 見るもの、聞くものすべてが珍しく……
- ○○にて
- 帰り次第、また連絡します
- ○日にはお土産を持って帰ります
- 今度はぜひご一緒しましょう

薬師寺 真　やくしじ・しん

1948年、愛媛県生まれ。早稲田大学第一文学部卒業。新聞社、出版社勤務を経て、執筆業に入る。出版社では多数の単行本編集を手がける。現在は複数のペンネームを使い分け、幅広い分野で健筆をふるっている。著書に、『新版 そのまま使える手紙の書き方 実用文例集』（日本文芸社）など多数ある。

ブックデザイン ―――――― 須藤康子＋島津デザイン事務所
立体イラストレーション ――― 中山成子
本文イラストレーション ――― 大久保友博、中山成子

新版 すぐに役立つ
はがきの書き方 実用文例集

2014年6月30日　第1刷発行

著者 ——薬師寺 真
発行者——中村 誠
印刷所——玉井美術印刷株式会社
製本所——小泉製本株式会社
発行所——株式会社日本文芸社
〒101-8407　東京都千代田区神田神保町1-7
TEL　03-3294-8931（営業）　03-3294-8920（編集）
URL　http://www.nihonbungeisha.co.jp/

ISBN978-4-537-21189-4
編集担当・坂
＊本書は平成12年発行『すぐに役立つはがきの書き方実用文例集』を加筆・修正し、再編集したものです。